L'avenir peut s'écrire

Rémy TARRAZI

En application de l'art. 137-2.-I. du code de la propriété intellectuelle, toute reproduction et/ou divulgation de parties de l'œuvre dépassant le volume prévu par la loi est expressément interdite.

© Rémy Tarrazi, 2025

Édition : BoD · Books on Demand, 31 avenue Saint-Rémy, 57600 Forbach, bod@bod.fr

Impression : Libri Plureos GmbH, Friedensallee 273, 22763 Hamburg (Allemagne)

ISBN : 978-2-3225-5752-3

Dépôt légal : Avril 2025

« Un livre peut changer une vie.

Et dire qu'il n'y a aucune mise en garde

d'inscrite sur la couverture »

Sylvain Tesson

À mes filles Carla et Timéa

La vie est courte
Pardonne rapidement
Ne te dispute pas pour des conneries
Embrasse lentement
Aime vraiment
Tu peux être un peu jaloux mais pas trop
Rigole autant que tu veux
Et ne cesse jamais de sourire peu importe ce que pensent les autres
La vie n'est peut-être pas la fête à laquelle tu t'attendais
mais tant que tu es là tu dois danser

disait Dante Gebel dans un talk-show

Ce qui m'a poussé à écrire ce livre est simple. J'aurais aimé à 18, 20 ou 25 ans avoir accès à cette information que nous allons aborder dans ces pages, simplement, librement et gratuitement grâce à Internet.

Cette information m'aurait j'en suis sûr permis d'avoir un chemin de vie différent. Sans doute bien plus entrepreneurial et pas seulement. Nous verrons un peu plus loin plus précisément de quelle information je veux parler mais vous avez déjà dû comprendre. Cela dit un ensemble de raisons comme un laisser vivre, une touche de procrastination, un petit manque de reboost et puis d'autres choses plus personnelles ont fait que mon chemin a été celui qu'il est. Je ne m'en plains pas mais je me répète, un ouvrage comme celui-ci m'aurait grandement servi.

J'écris « m'aurait » mais il a aussi une vraie fonction utilitaire pour le présent et l'avenir.

Certains d'ailleurs qui me connaissent, quand ils me liront penseront que je ne suis pas le mieux placé pour écrire ces pages. Certains s'en étonneront même mais je pense le contraire, c'est justement cette idée de manque qui m'a lancé dans cet écrit. Qui dit manque parle donc de désir (j'aborderai d'ailleurs le rapport entre les deux notions plus tard dans ces pages). Il y avait donc en moi un vrai désir d'écrire ces lignes.

Ce livre n'a rien de révolutionnaire. Loin de là. Il y en a plein dans le même style mais j'avais envie de poser mes mots, mes idées avec mon fil conducteur sur le thème qui va suivre.

Pas si facile car l'on s'aperçoit que les choses évoluent dans le processus d'écriture d'un livre. On passe par des chemins inattendus faits de surprises, joies, incertitudes et remises en question. On passe en effet comme une météo instable de déclics en doutes en quelques minutes. Du soleil au nuage ou inversement mais je pense que j'y suis arrivé. J'espère que les lecteurs y trouveront un intérêt.

Cela posé et pour commencer je dirai deux choses :

La première et pour faire suite aux mots ci-dessus qu'il ne faut pas regretter.

> *« La vie est trop courte pour la passer à regretter*
>
> *tout ce que l'on n'a pas eu le courage de tenter. »*

Cette première citation donne déjà le ton du livre avec ces trois notions qui sont le regret, le temps et le courage avec derrière l'idée d'action. Tout cela sera abordé et expliqué plus tard.

La deuxième chose est aussi de se dire qu'il n'est jamais trop tard ; que « le meilleur est à venir ». Ici on parle aussi de positivité avec toujours derrière cette idée d'action.

Ainsi ce livre abordera une première information trouvée sur Internet qui aura été filtrée car dans cette gigantesque bibliothèque qu'est Internet où l'on se fait arroser d'information, il faut tenter d'en récupérer le meilleur tel un élixir. Je dirai simplement une information qui nous apporte un plus, tel un guide et qui nous fait réfléchir voire grandir.

J'ai donc constitué, par ce que j'ai puisé, une sorte de boîte à outils remplie d'astuces, de conseils et expériences pour que chacun puisse construire ou rediriger son propre chemin de vie.

J'ai notamment utilisé internet et la source des réseaux sociaux (comme Instagram et TikTok). Qu'ai-je donc trouvé dans ces sources ? Des informations brèves, précises et qui peuvent donner des idées voire un sens ou un élan à sa vie.

Bien entendu ce livre n'est pas du tout exhaustif puisqu'il montre le puits sans fond de l'information sur Internet, mais je souhaitais montrer par quelques exemples qu'Internet est une vraie aide, un guide, un compagnon pour son épanouissement personnel.

Mon seul mérite dans l'accomplissement de ce travail est un travail de récupération d'idées, de conseils, d'aide pour chacun. Un travail comme celui-ci peut être renouvelé des dizaines et dizaines de fois par n'importe qui.

Je suis seulement un cueilleur de mots et d'idées pour les partager.

Je suis loin d'être un philosophe, penseur ou intellectuel. Je ne fais que mettre sur papier des moments choisis trouvés sur la toile, dans des livres ou dans le parcours de ma vie.

Bien entendu plein d'autres choses probablement très intéressantes manqueront à cet écrit mais c'est tant mieux.

Si les lecteurs trouvent un intérêt à ce que j'écris cela les poussera j'espère à faire leur propre travail de recherche et surtout de filtrage.

En effet j'espère qu'à côté de l'information futile voire inutile que véhicule trop souvent Internet par les réseaux sociaux avec cette société du paraître, comme le montre l'exemple des selfies ou ego-portraits associés à l'idée d'ego et de narcissisme, que les lecteurs apprécieront cette information que je nommerai

« participative » où des gens partagent gratuitement leur expérience et leur savoir par des anecdotes, citations ou expériences vécues.

Je ne dis pas qu'il faille abandonner l'information du paraître (qui peut être vue à petite dose comme une échappatoire au stress de la vie) mais il faut aussi profiter de cette information participative proche de l'information de compassion et différente d'une information égocentrique. Elle est gratuite et sans limites. Surtout elle est instructive. Profitez-en donc.

Sinon j'aurais aimé mettre tellement plus. Le temps que j'ai passé à lire ou à surfer sur Internet a été trop bref, mais le but est simplement de montrer que chacun peut aussi faire ce travail et en tirer des choses fantastiques.

Ce travail de récupération de conseils ou astuces aurait pu être fait dans bien d'autres domaines comme la cuisine, le bricolage ou les voyages. L'information participative que j'ai voulu recueillir, vous l'avez compris, vise davantage à donner des conseils pour débuter et avancer dans les premiers moments de sa vie active ; et aussi pour faire évoluer son chemin de vie (pas forcément professionnel) vers une réussite personnelle. Cela se rapproche donc de l'idée du développement personnel.

Nous sommes tous différents avec notre propre personnalité et nos fêlures ou bosses du passé. Certains auront un besoin de réussir de façon individuelle, d'autres seront plus dans la compassion. Heureusement que nous sommes différents dans nos caractères. Cela permet de façonner une société avec des métiers variés. J'ai d'ailleurs beaucoup d'admiration pour les métiers dédiés aux autres.

Aussi ce manuel n'est pas là pour formater les esprits mais j'aimerais que chacun avec sa propre personnalité puisse y trouver des éléments qui vont lui permettre de mieux construire ou conduire sa vie ; et pourquoi pas également un effet reboost. Je citerai d'ailleurs cette phrase qui me vient en tête :

« Vivre ses rêves plutôt que de rêver de les vivre. »

Le lecteur pourra se replonger dans ce livre à sa convenance comme une aide sur tel ou tel sujet ou telle ou telle idée, astuces ou conseils ; de trouver le temps et la rigueur pour pratiquer certains conseils comme par exemple pratiquer tout simplement la joie. Nous verrons d'ailleurs l'idée que nous « devenons ce que nous pensons ». Pensons donc joie plutôt que tristesse. Soyons positifs plutôt que négatifs. Cela paraît tellement évident et pourtant.

Vous verrez dans ce qui suit des mots que j'appellerai des « qualités » qui reviendront souvent comme positivité, respect, action, réussite ou échec (mais traité de façon positive). Toutefois il y a une « qualité » qui me paraît fondamentale car elle permet de développer les autres et elle aura d'ailleurs son propre chapitre.

Cette qualité est celle de la discipline sur soi. En effet nous verrons que la discipline sur soi permet de mieux développer l'« arbre de vie » que je souhaite construire dans ce livre.

Nous n'avons pas tous les mêmes chances au départ. On parle quelquefois de « soupe ». Sylvain Tesson avait d'ailleurs cette belle phrase : « Je ne vais pas cracher dedans surtout qu'elle était bien bonne. » Comme nous n'avons pas les mêmes chances au départ, il y aura cette idée de discipline sur soi qui si elle est appliquée permettra à l'individu de rattraper ou combler des manques subis au départ de sa vie. Cette notion de discipline sera donc traitée dans les premières pages et tentera de montrer qu'il est important de booster son mental. Et sachez que tout le monde peut y arriver.

Je vais donc essayer dans les pages qui suivent grâce à un fil conducteur d'être le plus clair possible sur la composition de son arbre de vie, des racines à sa canopée :

Les racines seront représentées par **l'éducation et l'enseignement**. Viendra ensuite le tronc représenté par **la discipline**, véritable colonne vertébrale à l'édifice puis cette discipline permettra de développer des branches. J'en ai comptabilisé six qui sont : **la puissance de l'esprit, le temps, l'action, les relations humaines, la culture générale** et enfin **la santé.** Le feuillage de mon arbre sera lui la réunion ou le mélange des sous-thèmes des branches que l'on appellera tout simplement les « feuilles ». Je parle de « feuillage » car certains thèmes comme la positivité, le respect, la confiance ou la respiration viendront de la remontée de plusieurs des branches. Par exemple, la respiration peut se retrouver dans la branche « santé » comme dans la branche « communication ». Nous le verrons plus loin.

Enfin, par la combinaison des racines, du tronc, des branches et du feuillage, il se dégagera **une personnalité** pour chacun d'entre nous que j'appellerai « **accomplie** » et que l'on pourrait aussi appeler « **épanouissement** » qui sera au sommet de l'arbre, à sa canopée. Une personnalité accomplie mais jamais définitive. Car notre personnalité bien entendu reste toujours en mouvement. Disons qu'avec le temps elle aura mûri. L'idée est de la bonifier au maximum. La forme de cet arbre de vie sera forcément propre à chacun. Si vous avez peu de discipline il y aura sans doute un petit tronc suivi de petites branches et un feuillage modeste. En revanche si vous avez fait preuve de volonté et force interne l'arbre sera plus imposant. Le but de ce recueil est de mettre tous les atouts possibles de son côté pour réussir sa vie (et non forcément dans la vie ; la différence est importante). Pas forcément donc une réussite professionnelle mais simplement une réussite de sa vie en général. Ce livre sera qu'une étape, une aide et un mémo et ce sera à vous de continuer le chemin.

J'espère qu'à la lecture vous trouverez des passages qui vous plairont ; j'espère même que certains passages ou citations pourront déclencher un « choc » en vous et que cela vous sera utile pour la suite de votre chemin de vie.

Il ne faut bien évidemment pas tout retenir de ce livre mais mon conseil est de sélectionner, surligner, annoter sur les 120 citations environ et les 170 conseils et astuces, les moments qui « sonnent » en vous afin de les garder comme pense-bête. L'idée est donc de faire son choix car il y aura quelquefois des conseils ou astuces quasi similaires et cela sera à vous de choisir celui ou celle que vous garderez.

Pour finir, ce que j'aimerais c'est aussi qu'à la fin de ce livre vous puissiez construire votre propre ACRONYME comme j'ai pu en construire un avec les thèmes qui ont fait écho en moi. Je vous le dévoilerai au fur et à mesure de ce livre.

Si c'est le cas j'aurai réussi mon pari. Qu'est-ce qu'un ACRONYME ? Une suite de lettres qui devient un mémo technique facile à retenir. Il y en aura plusieurs dans ce livre dont le mien. Par exemple, et je l'invente en écrivant, je vous propose comme acronyme V.B.C qui sont les premières lettres de « Volonté », « Bonheur » et « Compassion », car à vos yeux et par rapport à votre parcours de vie ce seraient les trois mots qui sonneraient le plus en vous et cet ACRONYME très court serait alors un pense-bête facile à retenir. À chaque fois que vous y penserez cela activera quelque chose en vous et dans votre cerveau.

Enfin pour pouvoir parler de chaque étape de cet arbre de vie je vais à chaque fois m'aider de trois sources pour argumenter ma pensée.

La première source viendra de citations.

Une citation est pour moi la puissance d'une pensée transmise par un assemblage réfléchi et sélectionné de mots.

La citation a la beauté de passer un message puissant avec une grande efficacité et légèreté voire quelquefois en poésie. Les mots d'une citation réussie ont un vrai poids propulsé avec une forme de souplesse, élégance et évidence. Souvent après avoir lu une citation on se dit : « Mais bien sûr, c'est tellement vrai. »

Confucius disait « un dessin vaut mille mots », moi je dirais la même chose pour une citation. Elle vaut une « expérience de vie ». Elle dégage une énergie qui s'empare de nous et nous fait ressentir quelque chose de fort.

Je ne sais pas si j'arrive à me faire comprendre mais ce que j'apprécie dans une citation c'est la puissance d'un message qu'elle peut apporter en peu de mots. Ainsi et pour vous donner un exemple, la première citation qui me vient en tête est volontairement très courte mais en dit long. Elle parle de la notion de regret (vu plus haut et cette notion sera d'ailleurs souvent abordée dans ce livre). Cette citation nous dit :

« Le regret est une seconde erreur. »

N'est-ce pas un magnifique exemple de clarté en si peu de mots. J'aimerais un jour être à la source d'une citation. Cela viendra peut-être. Pour l'instant je ne fais que les recueillir. Je ne suis qu'un simple piocheur de belles phrases ou bons conseils pour les partager, afin de vous faire vivre ce que moi-même je ressens à la lecture d'une citation.

Pour finir les citations dans cet ouvrage seront en gras pour mieux les faire ressortir.

La deuxième source viendra de la récupération d'informations que j'ai trouvé sur internet et notamment les réseaux sociaux.

C'est cette information que j'appelle « participative » que je souhaitais retranscrire car elle me paraît fort intéressante. Vous verrez donc généralement entre guillemets, la transcription quasi identique des propos de son auteur.

La troisième source, ce sont des exemples de mon propre vécu qui je l'espère viendront aussi apporter quelque chose à mon fil conducteur et au lecteur.

Ces trois sources réunies aideront je le souhaite à fournir un maximum de force à chaque thème abordé.

PRÉAMBULE

Avant de commencer mon arbre de vie, j'aimerais partager une phrase qui, pour moi, représente un véritable « socle de vie », un terreau essentiel dans notre monde.

Chaque jour nous abîmons notre belle planète, mais nous nous détruisons aussi entre nous. A travers les petits ou grands conflits du quotidien, nous nourrissons des tensions qui peuvent mener à des guerres, qu'elles soient locales ou mondiales.

Par « petit conflit » j'entends, par exemple, une querelle de voisinage. Par « grands conflits » je pense à des guerres d'ampleur internationale comme celle qui frappe l'Ukraine et pouvant mettre en péril notre avenir.

La phrase qui suit me semble essentielle, car elle illustre à quel point nous devenons ce que nous pensons. Aussi si l'on poussait la jeunesse du monde à ce petit effort de penser tous les jours « bien » plutôt que « mal », je suis convaincu que le monde irait mieux.

Voici donc cette phrase ou citation :

« Si la méditation était enseignée à tous les enfants âgés de 8 ans sur la terre, nous ferions disparaître la violence du monde en une génération. »

Dalaï-Lama

Eh oui, il y aurait beaucoup de choses à dire sur cette phrase. Avec surtout cette idée de méditation qui nous aide à cultiver des « qualités » telles que la paix intérieure, la compassion, la gestion émotionnelle. Tout cela réuni pourrait potentiellement créer un changement culturel significatif vers un monde moins violent.

A contrario je ne veux pas que la future génération devienne des légumes mais je pense notamment qu'il faudrait se pencher sur le danger de plus en plus grand de l'individualisme (bien que nécessaire) tout comme sur le besoin de réussite professionnelle qui pousse la société à être de plus en plus compétitive voire trop compétitive et donc violente. Ce que l'on voit par exemple avec la puissance de l'argent qui rend notre société de plus en plus malade. Aujourd'hui, en effet, tout peut s'acheter !!! Aussi même si ce livre parlera souvent de succès ou de réussite cela sera à chaque fois pour y trouver le bon côté. J'en profite dans ce préambule pour vous citer cette autre très belle phrase sur le succès, que nous retrouverons et développerons plus loin, et qui montre bien que ce livre veut s'attacher aux bons côtés des choses.

« Le succès ne se mesure pas à la quantité d'argent

que vous gagnez

mais à l'impact que vous avez sur la vie des gens. »

Cela dit pour continuer sur la citation de notre préambule, je pourrais aussi parler d'un autre point qui se relie à cette phrase que l'on trouvera dans une sous-partie sur la gestion des émotions qui est « comment réagir face à la colère ? ». Et là aussi vous verrez qu'il y a un premier travail à faire sur soi-même car pour faire simple, c'est nous qui souffrons à cause de la mauvaise attitude des autres. Nous sommes énervés à cause de quelque chose ou quelqu'un dont nous ne sommes pas responsables et le travail à faire est d'abord un travail sur nous-mêmes. On en revient donc à cette idée de méditation interne. Et aussi de regarder les choses de manière différente voire inversée. Je vais donc essayer (pas facile pour moi car j'ai tendance à partir dans tous les sens) au cours des pages qui suivront de mettre sur papier le plus simplement possible le fil conducteur de cet arbre de vie.

Commençons donc par le sommaire.

SOMMAIRE

PRÉAMBULE..19

LES RACINES..27

L'éducation : apprendre à savoir être..............................29

L'enseignement : apprendre à savoir, à savoir faire, à faire savoir..35

    1) L'enseignement ne doit pas être vu comme une corvée 35

    2) Technique pour mieux assimiler l'enseignement........42

LE TRONC..45

1) L'idée de discipline en général.................................47

2) La discipline sur soi et la discipline dans ses objectifs.....51

    a) La discipline sur soi ou autodiscipline.........................51

    Discipline à exercer le matin.......................................55

    Discipline du soir...57

LES BRANCHES...63

LA PUISSANCE DE L'ESPRIT...64

    1) L'autosuggestion positive, la loi de la manifestation et la loi de l'attraction...65

    2) La gestion des émotions...79

LE TEMPS...100

L'ACTION..109

1) L'importance de l'action......................................110

2) Comment se mettre et rester en action..................122

3) Action associée à des projets et des objectifs..........141

RELATIONS HUMAINES...155

Communication & Information..............................155

La communication verbale, paraverbale et non verbale
....159

L'information et l'actualité..................................185

LA CULTURE GÉNÉRALE..194

La démographie...202

L'écologie...202

L'intelligence artificielle....................................204

LA SANTÉ..208

La nutrition...215

La respiration...218

L'activité physique...220

La musique..222

LA CANOPÉE..229

CONCLUSION..249

POSTFACE...255

L'ARBRE DE VIE

LES RACINES

Commençons par la base de l'arbre avec l'éducation et l'enseignement.

Que nous dit Internet ? :

« L'enseignement se réfère principalement au processus de transmission de connaissances, de compétences et de concepts spécifiques par un enseignant à un élève ou à un groupe d'élèves dans un cadre formel comme une école ou une université. L'éducation, quant à elle, est un concept plus large qui englobe l'ensemble du processus de développement intellectuel, social, émotionnel et moral d'une personne. Cela inclut non seulement l'acquisition de connaissances et de compétences académiques, mais aussi le développement de valeurs, d'attitudes et de comportements qui favorisent une vie épanouie et contributive à la société. L'éducation peut se produire dans divers contextes, y compris à l'école, à la maison, dans la communauté et à travers des expériences de vie. »

Voilà donc une définition assez fluide des deux mots et j'ai aussi trouvé une citation qui je trouve résume bien la différence entre les deux mots :

« L'enseignement : apprendre à savoir, à savoir faire, à faire savoir. L'éducation : apprendre à savoir être. »

Ainsi l'éducation est plutôt le fruit d'un tout comme le contexte familial ou milieu social et l'acquisition de connaissances et l'enseignement est le fruit du processus de transmission de connaissances (parcours scolaire et plus).

27

Un proverbe chinois d'ailleurs résume bien tout cela en disant :

> *« Si vous planifiez pour une année, semez du riz ; si vous planifiez pour une décennie, plantez des arbres ; si vous planifiez pour la vie, éduquez la population. »*

Je vais donc commencer par définir plus précisément ce qu'est pour moi l'éducation en reprenant l'idée de « savoir être ».

L'éducation : apprendre à savoir être

Danton disait : « Après le pain, l'éducation est le premier besoin du peuple. »

Il me vient à l'esprit cette première pensée de Steve Jobs que j'avais entendue sur Internet :

> **« Ne pas apprendre à ses enfants à devenir riche mais à devenir heureux**
> **ainsi quand ils grandiront ils connaîtront la vraie valeur des choses et pas le prix. »**

À ce sujet et pour étayer ces propos je vais vous raconter une jolie histoire de Gad Elmaleh sur cette différence entre le prix et la valeur d'une chose. À ce titre, il racontait qu'il adorait les montres et qu'il avait la chance de pouvoir s'en offrir. Il avait donc un coffret de montres. Son jeune fils, Noé qui avait 5 ou 6 ans et connaissant la passion de son père pour les montres, un jour lui a rapporté du marché une montre en plastique achetée avec son propre argent de poche en disant : « *Papa je sais que tu aimes les montres voilà mon cadeau.* » Gad Elmaleh ému a mis cette montre bien évidemment dans son coffret, signe de remerciement et amour pour son fils. Mais un jour il y a eu un cambriolage, Gad Elmaleh est donc allé vers son coffret, il l'a ouvert pour se rendre compte qu'il ne restait plus de montres si ce n'est la montre en plastique de son fils. Voici ce qu'il a raconté à propos de cette histoire :

« De voir que cette petite montre était encore là cela m'a fait chaud au cœur et je me suis aperçu à ce moment-là de la différence entre la valeur d'une chose et le prix d'une chose.

*Toutes les montres qui m'ont été volées, je pouvais me les racheter mais celle-ci qui était un cadeau de mon fils, avec son propre argent, était unique. Je ne l'aurais jamais retrouvée et pour moi c'est celle qui avait le plus de **valeur**. »*

Quel est en définitive par ces deux exemples le message que je souhaite faire passer ? Je souhaite dire que l'éducation est un socle essentiel et fondamental. En effet, elle permet d'inculquer des valeurs à l'enfant.

« La véritable éducation, c'est d'apprendre comment penser, et non pas quoi penser. »

La première des valeurs à la base de cet arbre de vie, c'est pour moi le respect. Ce respect qui doit même être un devoir, il y a d'ailleurs cette jolie citation qui dit :

« Le respect est ce que nous devons. L'amour ce que nous donnons. »

Ces valeurs sont un réel support tout au long de notre vie. Et il est important que cette éducation du « savoir être » vous accompagne toute votre vie car cela servira comme un point fort à votre existence.

À titre d'exemple, ci-dessous deux autres histoires sur l'idée de valeur et de respect, la deuxième étant, je trouve, de toute beauté.

Voici la première :

Un chef d'entreprise doit recruter un jeune diplômé dans son entreprise. Il convie 2 candidats ayant le même diplôme à un dîner. Il leur pose des questions diverses. Il est satisfait des réponses de chacun. Toutefois en fin de repas il dit à l'un des deux que cela ne sera pas lui qui sera retenu. Le jeune diplômé qui n'est pas sélectionné ne comprend pas ce choix et lui demande tout naturellement : *« Pourquoi ? »* Le chef d'entreprise lui répond ceci :

« Si j'ai pris ma décision c'est pour deux raisons. La première est votre attitude en arrivant ; le serveur s'est occupé de vous et vous ne l'avez même pas remercié et ne lui avez pas souri puis lorsque votre plat est arrivé vous l'avez salé puis goûté. En revanche, votre concurrent, lui a remercié et souri au serveur en arrivant quand il s'est occupé de lui puis il a goûté le plat avant de le saler. »

Dans cette histoire c'est surtout le premier point qui nous intéresse. Le jeune diplômé choisi a été celui **respectueux** avec le serveur et donc qui a montré un certain degré d'éducation ou de valeur humaine.

La deuxième histoire vient de Boucar Diouf. Voici ce qu'il dit (je vous conseille vivement de l'écouter sur Internet car il a une façon magnifique de le raconter) :

« Un jour mon grand-père m'a remis un sac de grain en pleine nuit et m'a dit : « Boucar, va déposer ce sac de grain devant la maison du voisin qui a des difficultés à joindre les deux bouts. » Le monsieur avait douze enfants. Et quand j'ai demandé à mon grand-papa pourquoi il ne voulait pas donner ce sac de grain directement à ces gens-là, il m'a répondu : « Boucar, on ne peut pas faire ça : celui qui veut venir en aide à quelqu'un doit attendre la nuit et déposer ce qu'il peut devant sa maison. De ce fait quand ces gens-là se réveilleront ils ramasseront discrètement le cadeau mais ignoreront l'identité de leur bienfaiteur et le lendemain quand ils se promèneront dans le village chaque personne qu'ils croiseront deviendra leur bienfaiteur potentiel. C'est de cette façon que l'on tisse les liens et que l'on cultive la solidarité sans enlever aux moins nantis leur dignité. C'est mon grand-père qui a enseigné ça. »

N'est-ce pas une très jolie histoire encore une fois sur le respect et avec ici la notion de dignité. Je rajouterai aussi cette citation qui résume bien cette histoire :

« Les belles actions cachées sont les plus estimables. »

J'aimerais enfin pour finir sur cette idée de valeur et respect citer cette très belle phrase qui me vient en tête et qui répond aussi à la notion de **savoir être :**

« La terre ne nous appartient pas, nous ne faisons que l'emprunter à nos enfants. »

Exprimée aussi joliment et clairement cette citation d'Antoine de Saint-Exupéry nous fait prendre conscience des choses. Lorsque l'on vous prête quelque chose, la moindre des choses est de le rendre dans le même état.

C'est donc la même chose pour la terre. Nous ne sommes que de passage et nous devons absolument penser à ceux qui viendront après. C'est un peu ce que je vois aussi dans la notion d'éducation avec l'idée de savoir-être (ou de se comporter). Cela inclut les notions de tolérance, d'acceptation et surtout de respect.

On revient aux mêmes fondamentaux : apprendre à l'enfant la valeur des choses plutôt que leur prix. En effet, cela permet de donner une éducation qui apporte du savoir-être.

Autre conseil avant de passer à l'enseignement que j'avais lu pour de jeunes parents. La personne disait : « Il est important quand quelqu'un étiquette votre enfant en disant par exemple : « *Ben alors, elle ne dit pas bonjour ; elle est timide.* » Il faut corriger et changer immédiatement cette étiquette devant votre enfant. Si votre enfant entend des étiquettes négatives sur lui, il va avoir tendance à ancrer ces étiquettes en lui ; il va leur accorder du crédit, c'est pour cela qu'il est important de corriger cette façon de poser des étiquettes sur lui. En particulier parce que votre parole est bien plus précieuse pour votre enfant que celle des autres. Donc dites par exemple : « *Non ma fille n'est pas timide, elle prend son temps pour faire confiance aux gens.* » Cela en la regardant. Encore une fois, enlevez le négatif et positivez les choses. De la même manière quand c'est vous qui vous adressez à votre enfant, ne lui dites pas « *Tu es insupportable ; tu es invivable* », mais plutôt « Ton comportement est insupportable ; ton comportement est invivable » car dans ce cas vous lui permettez de réparer son comportement sans l'attaquer personnellement ».

Le choix des mots est tellement important. Nous le verrons aussi plus tard dans la partie « Relations humaines ».

On a donc parlé de l'éducation et des valeurs que celle-ci doit véhiculer. Bien entendu on n'a pas tous la chance de pouvoir naître dans un milieu où l'on peut trouver cette éducation que je qualifierais de « saine ». Aussi pour combler ce manque il y aura aussi deux autres facteurs importants. Le premier que nous allons voir juste après est l'enseignement. Le deuxième que nous verrons dans le chapitre qui suit est l'autodiscipline. Ces deux facteurs amèneront un plus ou un rattrapage à l'éducation de l'enfant et cela forgera aussi une expérience : « **L'éducation nous apprend les règles de la vie et l'expérience nous apprend les exceptions.** »

Passons pour commencer à l'enseignement.

L'enseignement : apprendre à savoir, à savoir faire, à faire savoir.

Dans cette partie on va aborder 2 sujets :

1) L'enseignement ne doit pas être vu comme une corvée.

2) Les techniques pour mieux assimiler l'enseignement.

Je me répète à nouveau en vous disant que chaque thème abordé sera construit avec des choses qui m'ont plu et que j'ai retenues. Ce n'est bien entendu pas exhaustif. Il y aura beaucoup de choses manquantes mais je vous livre ce que j'ai pu voir et qui a « résonné » en moi.

1) L'enseignement ne doit pas être vu comme une corvée

Il est important de donner du sens à l'enseignement. En effet, lorsque l'on est jeune, souvent on perçoit l'éducation comme une contrainte. C'est bien dommage. Il devrait y avoir un vrai bonheur d'apprendre, de découvrir des choses et pouvoir mettre en pratique cette très belle citation de Lily Tomlin :

« J'apprécie l'enseignant qui donne quelque chose à rapporter à la maison en plus des devoirs. »

Malheureusement on voit souvent l'enseignement plus comme une contrainte que comme une possibilité d'évoluer. De mon point de vue c'est parce qu'on n'incorpore pas assez la notion de jeu avec son côté créatif dans la façon d'enseigner. Les choses ne sont-elles pas plus faciles à apprendre lorsque l'on éloigne la notion de contrainte et que l'on incorpore celle de plaisir ?

Autre point : on met trop tôt dans l'enseignement une idée de compétition avec des notes et des classements. L'enfant, très tôt et trop tôt, voit la vie comme une compétition avec l'idée d'échec comme quelque chose de grave ; alors que l'on verra plus loin que l'échec est une nécessité. Lao Tseu ne disait-il pas :

« L'échec est le fondement de la réussite. »

J'aborderai plus loin de nombreuses idées sur la nécessité d'échouer ; qu'il est bon de faire plein d'erreurs et qu'il ne faut pas les regretter car elles sont source de croissance personnelle. On en revient toujours à regarder le bon côté des choses. Ken Robinson à ce propos nous dit :

« Si l'enfant n'est pas prêt à se tromper il ne parviendra jamais à quelque chose d'original. La plupart des enfants avant d'arriver adultes ont perdu cette capacité. Ils sont devenus effrayés d'avoir tort. Et la société stigmatise les erreurs. Et dans le système éducatif on ne laisse pas assez de place à l'erreur et on éduque les enfants hors de leur capacité créative. »

D'ailleurs Picasso soulignait une chose importante en disant :

« Dans chaque enfant il y a un artiste. Le problème est de savoir comment rester artiste en grandissant. »

Rodin disait aussi :

« Le monde ne sera heureux que quand tous les hommes auront des âmes d'artistes c'est-à-dire que tous prendront plaisir à leur tâche. »

Nous sommes donc plongés, très tôt et trop tôt, dans un système éducatif où l'idée de réussite et de compétition détruit tout droit à l'égarement. On ne peut pas ne pas penser à ce moment-là au poème « Le cancre » de Jacques Prévert.

Il dit non avec la tête, mais il dit oui avec le cœur,
Il dit oui à ce qu'il aime, il dit non au professeur.
Il est debout, on le questionne, et tous les problèmes sont posés.
Soudain le fou rire le prend et il efface tout,
Les chiffres et les mots, les dates et les noms,
Les phrases et les pièges.
Et malgré les menaces du maître,
Sous les huées des enfants prodiges,
Avec les craies de toutes les couleurs,
sur le tableau noir du malheur,
Il dessine le visage du bonheur.

Le cancre de Jacques Prévert est un poème sublime qui évoque ce que peut ressentir un élève en difficulté. Il dévoile ainsi le portrait d'un enfant qui rejette le système éducatif dans son ensemble (« il dit non au professeur » ; « et il efface tout, les chiffres et les mots (...) »). Cet écolier révolté face à l'obligation de se soumettre aux règles imposées par l'école refuse de s'y plier. Le « visage du bonheur » qu'il dessine sur « le tableau noir du malheur » témoigne de sa détermination à résister à ce système.

Autre idée avec cette vidéo sur internet de Jean-François Belmonte intitulée « **Il est beau ton dessin** ». Il nous dit :

« On a un immense pouvoir sur les enfants quand on dit : « *C'est beau ton dessin.* » En fait on est en train de les habituer à avoir un jugement sur ce qu'ils sont en train de créer et ce jugement va peut-être devenir un jugement général de leur vie. Ils vont

37

peut-être regarder avec inquiétude ce que l'on va penser de ce qu'ils font au lieu d'être motivés par ce qu'ils ressentent eux-mêmes, et en plus quand c'est beau, quelque part c'est aussi la fin de cet acte créatif. Pour lui c'est terminé. Un jugement a été émis. Plutôt que ça, on peut montrer de la curiosité. « Oh je vois que tu as fait cette forme-là ! À quoi tu as pensé en faisant cela ? Peux-tu m'expliquer pourquoi tu as fait cela ? Pourquoi as-tu utilisé cette couleur ? » Bref des questions sincères et l'enfant va ainsi pouvoir répondre et aussi se questionner sur son acte créatif et poursuivre dans sa créativité pas simplement sur le dessin et cela l'habituera à « **s'écouter d'abord** » avant d'avoir un point de vue extérieur. »

Ci-dessous un autre exemple de Stéphane Caccavo, vidéo intitulée « **L'art des choix, une technique psychologique pour faire faire** ».

« Ce sont deux parents avec leur fils Kevin. L'un des parents va voir Kevin et lui dit "va faire la vaisselle s'il te plaît", "va faire tes devoirs", "Kevin va mettre la table", "va faire ta chambre s'il te plaît" et au final c'est toujours la même chose. Kevin ne fait pas ce que lui demande ce premier parent. Et un jour ce premier parent rentre du travail et va par habitude dans la cuisine pour nettoyer la vaisselle que Kevin ne fait jamais et là il s'aperçoit que la vaisselle est propre et que la table est dressée. Alors il va dans la chambre et s'aperçoit que la chambre est rangée.

Il finit par tourner la tête et voit le deuxième parent jouer tranquillement au ballon avec Kevin dehors. Il va donc demander à l'autre parent comment il a fait. Et voici la réponse : en fait il n'a pas du tout demandé à Kevin de finir ses devoirs ; il lui a simplement demandé s'il préférait finir ses devoirs avant de jouer ou après avoir joué. De même il lui a dit : "Préfères-tu mettre la table ou faire la vaisselle ?" Kevin a choisi simplement de dresser la table pendant que la deuxième personne faisait la vaisselle. En gros le secret **c'est le choix.** Quand vous dites à quelqu'un de faire quelque chose ; il voit deux choix "faire" ou "ne pas faire." ; "Obéir" ou "désobéir". Et tout humain recherche la liberté. On veut avoir le contrôle et faire ses propres choix. La plupart des gens désobéissent pour garder leur liberté. »

On aborde donc là la psychologie et nous verrons plus loin dans le chapitre des relations humaines l'importance de cette notion de psychologie et aussi celle du sens du contact humain. On abordera aussi l'idée de liberté et de choix. Tous ces mots ou thèmes sont des feuilles de mon arbre et l'ensemble de ces feuilles constitue un feuillage qui par sa densité constitue cette personnalité propre à chacun.

Continuons par le résumé d'une vidéo où Charles Haid nous explique ceci :

« Si tu as déjà dit à un enfant : « tu es talentueux ou intelligent » eh bien ce n'est pas une bonne chose car tu ne l'as pas aidé. Il y a une chercheuse, Carole Dweck, à l'université de Stanford qui a fait cette étude : quand tu valorises l'enfant sur son identité : « tu es intelligent, talentueux », les enfants par la suite deviennent moins bons. Ils ont tendance à prendre par la suite les problèmes les plus faciles pour les résoudre encore plus vite et pour être à nouveau qualifiés d'intelligents. Alors qu'inversement, le groupe que l'on a valorisé sur ses efforts : « bravo tu n'as rien lâché », « tu es déterminé », « tu as donné tout ce que tu pouvais » a décidé par la suite de prendre les problèmes les plus complexes. Ils faisaient plus d'efforts et ils ont encore plus progressé que les autres. Ainsi d'un côté les enfants valorisés sur leur intelligence sont devenus moins bons et ceux valorisés sur leurs efforts sont devenus meilleurs et ont progressé. Et cela fonctionne aussi pour toi. »

Cette notion entre intelligence et effort est intéressante. Nous l'aborderons aussi plus loin avec une idée simple qui est que le travail est un « muscle ».

Ainsi par ces petits exemples ci-dessus, l'idée est de montrer qu'il faut donner du sens et du plaisir et aussi une valeur aux choses.

Cela me fait penser malheureusement à la vague de suicides qu'il y a eu chez France Télécom. À cette époque, il y avait un changement dans les méthodes de travail dû à l'évolution de la société et des nouvelles technologies. France Télécom licenciait peu et gardait du personnel qu'il ne savait plus comment utiliser. Cette mise au placard de beaucoup d'employés a créé une vague de suicides car l'individu n'était plus considéré.

J'écoutais d'ailleurs à ce propos il y a peu de temps une interview d'un vieil oncle à moi qui avait une jolie phrase sur ses employés lorsqu'il était encore activité. Il avançait l'idée qu'il est important d'utiliser tous les talents. Il disait **« permets de ne pas laisser les idées aux vestiaires »** pour montrer que dans une entreprise tout le monde a son importance.

Ne pas oublier aussi cette phrase de Gandhi :

« *Le travail donne à l'homme sa dignité.* »

Laurent Fargeon explique parfaitement cela avec **le mythe de Sisyphe.** Voilà ce qu'il nous dit :

« Il y a le mythe de Sisyphe. Celui qui avait été condamné par les dieux grecs à pousser une pierre en haut d'une colline et une fois qu'elle arrivait en haut elle redescendait. Il faisait ça de manière incessante. La souffrance de Sisyphe ce n'était pas de le faire car il en avait la capacité physique, la souffrance était qu'il faisait quelque chose qui ne servait à rien. Et ça il n'y a pas pire. Dans une entreprise vraiment il est très important que chaque fois que tu donnes une tâche à un collaborateur il comprenne le but de cette tâche, ce à quoi elle va servir. »

J'ai donc essayé de donner dans cette première partie des idées pour éduquer et enseigner au mieux en trouvant le moyen de valoriser l'enfant. Apporter le sens des valeurs et du respect mais aussi tenter au maximum que l'enfant garde son côté créatif et pour cela ne pas toujours le mettre en compétition avec les autres. Cette idée de « compétition » sera d'ailleurs souvent abordée au cours de ce livre.

Il y aurait, bien entendu, certainement plein d'autres exemples à mettre dans ce premier chapitre mais mon travail, je le répète, et le répéterai, est loin d'être exhaustif. Vous le savez. Aussi n'hésitez pas si ce thème vous intéresse à trouver d'autres conseils ou idées.

Continuons donc avec la deuxième partie sur l'enseignement :

2) Technique pour mieux assimiler l'enseignement

Ce sont des choses que j'ai lues et qui me semblent aussi intéressantes à partager.

Il y a cette première citation de Benjamin Franklin :

> **Tu me dis, j'oublie**
> **Tu m'enseignes je me souviens**
> **Tu m'impliques j'apprends**

Sur Instagram, je suis aussi tombé sur une étude plus précise. Voilà ce qu'il était dit :

> **Si tu écoutes quelque chose tu retiens 5 %**
> **Si tu l'écris tu retiens 10 %**
> **Si tu l'écoutes et l'écris tu retiens 20 %**
> **Si tu démontres ce que tu as appris 30 %**
> **Si tu discutes de ce que tu as appris 50 %**
> **Si tu mets les connaissances en pratique 75 %**
> **Enfin quand tu as appris et que tu enseignes cette chose à**
> **quelqu'un d'autre tu retiens 100 % de celle-ci**

Il y a un mois je suis allé faire une initiation pour faire sa propre bière. Cela a duré à peu près 3 heures. Comme cela était un cours collectif je ne voulais pas trop interrompre l'enseignant mais le plus possible j'ai essayé de faire avec lui les gestes pour produire cette bière car je savais que c'était le moyen pour mieux retenir et si j'avais en plus eu le temps de l'expliquer aux autres cela aurait été encore plus bénéfique.

Lorsque l'on révise quelque chose comme un examen, il y a aussi une chose essentielle à faire. C'est tout bête. Il faut faire tout simplement des pauses. Voilà ce que dit une source Internet :

« Lorsque l'on étudie une chose il faut penser à faire des petites pauses. Si tu peux travailler 30 minutes, cela ne prend pas 30 minutes pour te recharger. Simplement quelques minutes pour la plupart des gens. Fais quelque chose de fun, appelle un ami, écoute de la musique puis retourne travailler. Quand tu reprends, ton efficacité est quasiment à 100 %. Ne pas hésiter à s'arrêter et retourner travailler. Étudier 30 minutes, faire un break de 5 minutes puis 30 minutes et encore un break de 5 minutes. Au final sur 6h de travail, il y aura eu 5h30 d'étude et 30 minutes de relaxation. »

Pour clore ce premier chapitre sur les racines de cet arbre de vie, je finirai par un conseil que j'ai vu sur Instagram d'Idriss Aberkane. Il reprenait des propos de Richard Francis Burton et disait :

Un conseil pour les jeunes générations :

« *N'attendez d'applaudissements que de vous-même.* »

« *Il vit le plus noble et meurt le plus noble celui qui fait et qui suit ses propres lois. Cette capacité à avoir son législateur intérieur et à s'y suivre et à s'y fixer. À ne pas vivre dans les idées des autres.*

Ne vous laissez absolument pas dominer par des modes de pensée. Ne vous laissez pas piloter par le conditionnement. »

Ce texte est capital et nous en aborderons les idées tout au long de ce livre. En effet, le but est de poursuivre au mieux son chemin de vie et quoi de mieux que le faire avec sa propre personnalité sans être (trop) conditionné par le monde qui nous entoure.

Dans le même esprit, il y a cette autre citation de Richard Francis Burton. Qui doit-on rendre fier avant tout ?

**« *Ce n'est ni ta mère ni ton père ni ta femme ou tes enfants.*
C'est avant tout la version de toi à 8 ans et la version de toi à
80 ans. »**

On verra plus loin une idée abordée par Mohammed Elmanjara sur le besoin d'être égoïste mais encore une fois c'est pour la bonne cause. Cultiver son jardin intérieur pour que les autres s'y sentent bien ou ne pas s'oublier au détriment des autres. Il y a d'ailleurs pour ne pas s'oublier une « qualité » primordiale qui est la discipline.

C'est donc une parfaite transition pour aborder le tronc de l'arbre de vie et sa notion de discipline, véritable colonne vertébrale à l'édifice.

LE TRONC

Nous allons donc parler dans ce chapitre de la discipline. Commençons par sa définition.

J'en ai trouvé 3 qui m'ont intéressé :

1. Règle de conduite que l'on s'impose.

S'astreindre à une discipline sévère.

2. Branche de la connaissance pouvant donner matière à un enseignement.

Et une troisième que je ne connaissais pas :

3. Sorte de fouet utilisé pour se flageller dans un but de mortification et de pénitence.

Je ne retiendrai que les deux premières même si la dernière visualise bien le côté rigoriste du mot discipline.

Ainsi la première discipline (règle de conduite) nous permet de nous enseigner des disciplines (branche de connaissances) qui deviennent des qualités indispensables à notre épanouissement et à la croissance de notre arbre de vie.

Le thème de la discipline aurait pu figurer dans la prochaine partie qui parlera de « la puissance de l'esprit » et notamment de l'autosuggestion positive. On verra donc dans cette partie des idées que l'on aurait pu basculer dans le chapitre qui suit mais la discipline est une qualité tellement fondamentale qu'elle constitue le pilier à l'édifice de mon arbre de vie. Ce que j'appelle le tronc.

« La discipline peut remplacer bien des qualités. Aucune ne remplace la discipline. »

Cette « qualité » est donc au centre de mon arbre et en constitue le tronc. Les autres qualités nécessaires à notre épanouissement constitueront le reste de mon arbre de vie, représentées par des « branches ».

Je vais essayer dans une première partie de définir comment je vois la définition de discipline en général puis dans une deuxième partie je donnerai des exemples sur la discipline sur soi et sur la discipline dans ses objectifs. Cette discipline sur soi-même qui va permettre de développer les branches de l'arbre de vie et de donner une personnalité propre à chacun. Réaliser aussi l'importance de la discipline. Ne dit-on pas : « **la discipline est la toile de fond de tous les exploits** » ?

LE TRONC

1) L'idée de discipline en général

Sir Winston Churchill disait par exemple sur l'idée de chance :

« La chance n'existe pas, ce que vous appelez chance c'est l'attention aux détails
et cette attention est une forme de discipline. »

On comprend par ces mots l'importance de la discipline qui est partout. Chaque fois que l'on fait preuve de discipline, cela nous permet d'aller de l'avant.

On peut avoir les outils en nous mais si on ne les met pas en action (thème important que l'on verra plus loin) alors on n'avance pas et pour se mettre en action et trouver sa motivation (vous verrez aussi la différence chronologique entre les deux notions plus loin) il faut avoir en soi une vraie discipline interne.

L'idée est d'éviter la procrastination (on verra d'ailleurs des astuces dans la partie « action » et notamment la règle du 5,4,3,2,1 go).

Je vais continuer par cette première définition de Max Piccinini intitulée **« Les gens qui réussissent font ce que les autres n'ont pas envie de faire »**. Voilà ce qu'il nous dit :

« La discipline que vous vous imposez est une discipline saine. La discipline c'est : je n'ai pas envie de le faire mais je le fais quand même. Je vais aller courir 3 fois par semaine, je le fais même s'il pleut où s'il vente. »

Je continuerai par un autre passage pris à Mohammed Elmanjara intitulé **« le pouvoir de la discipline »**.

« Si tu veux quelque chose, fais de cette chose quelque chose d'important et tu trouveras le temps. Je ne crois pas à la motivation ; je crois dans l'importance et la discipline. Quand tu fais monter quelque chose au stade d'important, tu trouves le temps. Quand je dis aux gens "il faut que tu fasses du sport", ils me répondent "je ne suis pas motivé", c'est en fait parce que ce n'est pas important pour eux. Parce que quand c'est important, tu trouves toujours le temps. Si je dis aux mamans "va faire du sport" elles me répondent "je n'ai pas le temps" mais si je kidnappe leurs enfants et ne leur rends que si elles font du sport, là elles trouveront le temps car leurs enfants sont importantes. »

Ainsi cette discipline, si elle est exécutée, permettra d'optimiser l'utilisation des thèmes proposés plus loin. Si on se discipline on met toutes les chances de son côté.

Arsène Wenger (grand entraîneur de football) un jour dans un interview disait :

« J'ai connu des joueurs très talentueux voire plus talentueux que d'autres joueurs mais il leur a manqué une chose essentielle qui les a empêchés de faire une magnifique carrière. Cette chose c'est la discipline. »

Je pense (mais je peux me tromper) que Neymar avec plus de discipline aurait pu être ballon d'or. Cristiano Ronaldo est l'exemple même de discipline et a été ballon d'or plusieurs fois. Zinedine Zidane lui aussi a fait preuve tout au long de sa carrière de discipline et il en a souvent parlé dans des interviews car il connaît bien l'importance de cette « qualité ».

Jacques Brel disait aussi « il y a le talent mais pas que ça » et il rajoutait : « Je ne crois pas à la chance. La chance c'est 99 % de sueur et 1 % de talent. »

Discipline et travail sont la clé de la réussite. Cette discipline (comme par exemple vu plus haut l'« attention aux détails ») qui est placée en premier est le moteur ou plutôt le carburant pour développer les autres « qualités » comme celle du travail. Michel-Ange ne disait-il pas :

« Si les gens savaient comme je travaille dur

pour acquérir ma maîtrise

cela ne leur semblerait pas après tout tellement merveilleux. »

Enfin pour « l'attention au détail » j'aimerais citer Benjamin Franklin qui disait :

« Un clou manquait et le cheval perdit son fer à cause de ce fer manquant le cheval fut perdu n'ayant plus de cheval le cavalier fut perdu ; capturé et tué par l'ennemi tout cela à cause d'un clou de fer à cheval. »

Oui à l'importance des détails.

Enfin parce que je la trouve belle et que l'on parle de détail il y a cette très belle citation de Léonard de Vinci qui dit :

« La perfection n'est pas un détail mais ce sont les détails qui font la perfection. »

J'arrête là car je ne veux pas vous assommer de citations mais souvent elles résonnent en nous et je trouve que c'est important de les faire partager. Je me répète. C'est à vous, au fil de ce livre, d'en retenir quelques-unes qui feront je l'espère écho en vous.

LE TRONC

Passons maintenant à la discipline sur soi et dans ses objectifs.

2) La discipline sur soi et la discipline dans ses objectifs

a) La discipline sur soi ou autodiscipline

Pour commencer je citerai une phrase de Harry Truman qui n'était pas n'importe qui puisqu'il a été président des États-Unis. Il disait ceci :

« Après avoir lu la biographie de grands hommes,
j'ai compris que la première victoire se remportait sur soi-même ;
L'autodiscipline vient toujours en premier. »

Une définition sur Internet nous précise aussi ceci :

« L'autodiscipline consiste à mettre en place soi-même une discipline personnelle dans le but d'atteindre un objectif, de devenir plus performant ou de prendre de bonnes habitudes. Elle vise à réaliser des changements positifs et constructifs dans sa vie. »

Pour alimenter ces propos je citerai ceci que j'avais retenu sur Internet :

« Si vous voulez vraiment avancer dans la vie, vous trouverez un moyen, sinon vous trouverez une excuse. N'oubliez pas que les excuses rendent aujourd'hui plus facile mais demain plus difficile. La discipline rend aujourd'hui plus difficile mais demain plus facile. »

Se noter soi-même c'est l'ABC du progrès personnel disait aussi Patrick Drucker. Ne pas hésiter en fin de journée ou en fin de semaine à se noter et à se dire : « Est-ce que j'ai avancé ou pas ou qu'est-ce que j'ai réussi ? »

Pour avancer je vais essayer de vous donner quelques conseils que j'ai pu voir sur les réseaux sociaux. Il y aura sans doute une impression de répétition. Toutefois cela ne sera pas tout à fait exact. Il y aura à chaque fois de légères différences. Cela sera à vous de choisir la méthode que vous préférerez.

Pour commencer je parlerai de 2 outils à la puissance incroyable : un stylo et un morceau de papier. La personne disait :

*« Écrire un but sur un papier et notre esprit va 24 heures sur 24 travailler sur cet objectif ; l'apporter dans notre vie. Je gagnerai tant en 2025 …. Apprends à le répéter (autodiscipline). C'est la dynamique de l'esprit. Je suis un millionnaire et l'esprit va travailler pour réduire le « gap » entre où tu es et où est ton objectif. Il faut interpeller son esprit. Mais si ce n'est pas écrit, rien ne se passe (**write it down to make it happen**). »*

N'avez-vous pas remarqué l'efficacité que l'on a généralement, la journée avant de partir en vacances. On a l'impression de faire trois journées en une. Cela pour les raisons que je viens d'écrire plus haut : on s'est fait une liste des choses à faire avant le départ, on est focalisé sur ce que l'on doit faire ; on a priorisé ce que l'on devait faire en mettant en premier ce qui était le plus important et en plus il y a de l'enthousiasme dans cette journée car on sait que le lendemain cela sera les vacances.

Il faut donc **écrire ses objectifs**.

Il y a eu une étude sur les objectifs au sein de l'université de Yale. Cette étude s'est faite autour de cette seule et unique question :

« Avez-vous fixé des objectifs clairs et précis pour votre avenir et fait des plans pour les accomplir ? » L'étude rapporte que seulement 3% des étudiants ont **écrit** leurs objectifs et un plan pour les accomplir, 13% avaient leurs objectifs en tête et les 84% restants n'avaient pas d'objectifs. Dix ans plus tard, les mêmes étudiants ont été interviewés de nouveau. Ceux ayant un objectif en tête gagnent un salaire deux fois plus élevé que ceux qui n'en avaient pas. Ce qui est le plus renversant est que ceux ayant écrit leurs objectifs et un plan pour les accomplir gagnent en moyenne dix fois plus que tous les autres combinés. »

Michael Gustin nous dit aussi qu'en 2014 une autre étude à Harvard montre que : « lorsque les gens écrivent leurs objectifs **au passé** comme s'ils s'étaient déjà produits, cela stimule en fait l'expérience de l'objectif qui se produit dans votre cerveau et qui accélère également sa réalisation. Parce que le corps fait ce à quoi le système nerveux est soumis et que le passé est déjà arrivé. »

Brian Tracy nous dit aussi ceci, dans une source intitulée « **Make a list** » :

« L'idée d'écrire et de faire une liste est aussi utile sur du court terme. Il faut planifier les choses pour être plus productif. Si vous faites une liste avant de commencer un travail ou une tâche, vous améliorerez immédiatement votre productivité de 25 %. Comment faire votre liste ? Vous faites votre liste le dimanche ou le samedi avant le début de la semaine et vous faites aussi votre liste pour chaque jour (...). La raison principale de faire une liste le soir avant de se coucher est que le subconscient résoudra votre problème et vous apportera des idées et vous vous réveillerez avec des idées et réponses. La deuxième raison d'avoir cette liste est que si vous n'avez pas de liste, c'est comme rouler dans la rue sans direction et alors vous risquez de heurter tout ce qui arrive ; avec une liste vous avez une direction. La troisième raison est que vous pouvez analyser où vous êtes et dire ce qui est plus ou moins important, ce qui peut être délégué, retardé ou reporté. Et le plus important quand vous faites une liste, c'est de cocher les choses à chaque fois que vous les avez exécutées. Cela vous donne un sentiment d'accomplissement. Le bonheur n'est-il pas l'accomplissement étape par étape de la tâche nécessaire pour accomplir un idéal digne ? » conclut-il.

Pour continuer, j'aurais pu mettre les exemples qui suivent dans la partie la « puissance de l'esprit » (dans la sous-partie l'« autosuggestion ») mais j'en parle maintenant car il y a dans ces exemples une idée de vraie discipline sur soi.

Une première discipline est la règle des 100 (**The rule of 100, de Jesse Itzler).**

« Si tu passes 100 heures dans n'importe quelle discipline, tu seras meilleur que 95 % de la population mondiale dans cette discipline. Cela représente seulement 18 minutes par jour pendant un an. »

Il y a aussi la règle **90.90.1** de Sixtine Moullé-Berteaux.

« C'est une règle de l'écrivain Robin Sharma qui te permet de réussir n'importe quel objectif que tu te mets en seulement 90 jours. Retenir bien ces 3 chiffres. Sur les 90 prochains jours consacre 90 premières minutes sur 1 objectif qui te tient à cœur. Si tu répètes ça tous les jours, tu atteindras ton objectif. »

Je reconnais que 90 minutes c'est du temps et en plus tous les jours. Mais c'est la définition de la discipline. Si un jour tu as plus de choses à faire alors tu commenceras tes 90 minutes plus tôt voire bien plus tôt.

Discipline à exercer le matin

Source Instagram Franck Nicolas **« Regarde-toi dans le miroir ».**

« Un exercice super difficile : regarde-toi dans un miroir tous les matins et dis-toi : je t'aime et j'ai un grand respect pour toi et pour tout ce que tu as fait jusqu'à présent. Je suis fier de la femme ou de l'homme que je suis devenu car je me suis battu pour être jusqu'ici. Ne pas avoir peur de dire des mots comme cela. Plus on sera reconnaissants avec nous-mêmes et plus on va voir de bonnes choses. On va remplir son bol de reconnaissance. Il faut cesser d'être négatifs avec nous-mêmes. S'alléger de ses vilaines pensées. »

Cela me fait penser à une vidéo où la personne demandait à une autre personne de penser à 3 personnes qu'il aimait. « *C'est bon vous avez les 3 personnes en tête ?* »

« *Oui* » répond la personne.

« *Alors pourquoi n'avez-vous pas pensé à vous dans ces 3 personnes ?* »

Et oui c'est très souvent le cas. Sans être narcissique (thème d'ailleurs que nous aborderons plus loin), il est bon quelquefois de penser en bien de soi et de ne pas s'oublier.

Une autre chose que l'on peut faire et que propose Max Picinini.

Il abordait dans une vidéo intitulée **« La routine matinale qui m'a rendu millionnaire »**, l'idée des 3 C :

– *Le premier : c'est le corps. S'il est endormi mon cerveau est endormi. Il faut bouger physiquement.*

– *Le deuxième : c'est le cœur. Je mets ma main sur mon cœur et me remplis de gratitude.*

– *Le troisième : c'est le cerveau. Visualiser tous les jours ses rêves.*

De même Rob Kelly dans une vidéo intitulée **Three powerful exercise to rewire** disait :

3 choses à faire le matin :

– *Se brosser les dents de la main opposée.*

– *Regarder fixement le miroir et dire je t'aime 10 fois.*

– *Et quand tu as fini, tu cherches de l'oxygène. Une respiration exagérée 25 fois.*

Ça change ta vie !! Je parie 100 dollars à qui veut si cela ne fonctionne pas (...) et cela ne m'est jamais arrivé », conclut-il.

Je pense aussi à cet homme qui vit près de chez moi, malheureusement dans la rue et que je vois depuis 3 ans tous les matins. Au début nous avons essayé avec ma femme et d'autres de l'aider en lui apportant vêtements ou nourriture mais il était toujours très fermé à toute aide. Bref le sujet n'est pas là. Ce que j'apprécie chez cet homme c'est que tous les matins je le vois faire sa toilette, se raser. Il a une vraie autodiscipline. Il doit savoir au fond de lui que c'est un moyen de ne pas sombrer plus bas. Je pense aussi à une autre idée : qu'il est terrible de ne pas avoir d'objectifs ou plaisirs à venir. C'est peut-être aussi une façon pour lui de rendre cette activité comme un objectif voire un plaisir. C'est un autre sujet. Je ne suis pas dans sa tête mais en tout cas de prendre soin tous les matins de lui est une chose que je trouve super. Dommage qu'avec cette discipline qu'il a en lui il n'ait pas réussi à rebondir mais le fait de ne pas vouloir communiquer est un vrai frein à l'insertion. (Montaigne disait « l'amitié se nourrit de communication ».) Il y aura d'ailleurs plus loin un chapitre consacré aux relations humaines qui sont un aspect très important de la personnalité et qui constituent une branche à notre arbre de vie. On dit même que les relations humaines sont un des facteurs de l'allongement de l'espérance de vie. Nous en reparlerons plus loin.

Discipline du soir

J'avais aussi vu sur Instagram une personne qui disait que les cinq dernières minutes de sa journée avant d'aller se coucher sont les plus importantes car on part dans son esprit subconscient pour 8 heures. Soit tu revois les côtés négatifs de la journée soit inversement tu regardes le positif. Utiliser ce moment pour mettre son esprit subconscient dans de bonnes conditions. On verra plus loin l'importance de communiquer avec son subconscient. C'est en effet quelque chose que toutes les personnes qui ont des tentations un peu dépressives devraient retenir. Une citation d'ailleurs résume bien cette idée en disant :

« Si tu n'occupes pas ton esprit, il va s'occuper de toi. »

Il est donc bien de prendre soin de son esprit avant de dormir mais pas seulement, nous verrons d'ailleurs plus loin l'idée de Frédéric Lenoir sur l'importance de trouver son bonheur EN SOI pour être bien de partout.

Autre conseil qui aurait pu aussi se trouver dans un sous-chapitre qui suit (la loi de la manifestation ou d'attraction).

Faites-le avant de vous coucher et observez comment votre vie change. Donner une commande à l'Univers. Si tu veux quelque chose, demande à l'Univers de te le montrer. Montre-moi comment je peux guérir mon corps. Montre-moi comment avoir un nouveau client demain. Montre-moi la façon de travailler dans ce domaine. Tu demandes à l'Univers de te montrer comment. C'est une pratique puissante. Tu programmes ton esprit avant d'aller au lit. Tu te réveilles le matin avec cette inspiration.

Il y a aussi cette technique toute simple d'une amie qui note avant de dormir sur un papier les choses qui lui paraissent importantes du lendemain. Le fait de les noter lui permet de vider son esprit de ses contraintes et donc de mieux dormir. Elle sait que ce n'est plus la peine d'y penser. Elles sont notées à côté d'elle.

Nous verrons aussi (dans le chapitre « action ») que pour prendre soin de notre esprit il faut qu'il soit occupé à quelque chose ; **il faut l'occuper**. Cela peut être l'art ? La poterie ? ...

Pour finir je parlerai d'un thème qui sera aussi abordé dans la partie suivante (dans la partie gestion des émotions joie et tristesse) mais comme c'est une chose à pratiquer tout le temps je la vois comme une discipline voire une autodiscipline. Cette discipline qui fait du bien est de pratiquer le fait d'« être heureux ».

Je me réfère à cette vidéo de Gurudev Sri Ravi intitulée **« Are you practising happiness or misery ? »**. Il nous dit :

« Le bonheur est une pratique. Si tu pratiques la tristesse tu seras triste. En revanche si tu pratiques le bonheur alors ton visage sera heureux. Ce bonheur se diffusera en toi et grandira. »

Eh oui qu'est-ce qu'il est important de sourire dès que possible (on verra plus tard que cela crée des endorphines).

D'ailleurs quand je vois une photo de moi où je ne souris pas, je trouve cela dommage et c'est bien trop souvent.

Il y a aussi cette autre idée qui dit : « Si tu ne te sens pas heureux n'hésite pas à faire semblant (fake it). »

Agis heureux même si tu ne le ressens pas. Tu agis comme tu te sens.

Le S de sourire est d'ailleurs la première lettre de mon ACRONYME. Je vous en dévoilerai le contenu petit à petit jusqu'à la personnalité.

J'ai envie de continuer par des mots de Jean d'Ormesson (peut-être un peu hors sujet à ce moment la du livre, mais sachez que tout dans ce livre est relié à notre arbre). Ce qu'il disait et que je trouve très beau et très puissant :

> *« Il y a des gens que je méprise beaucoup, c'est ceux qui sont*
> *indulgents avec eux-mêmes et cruels avec les autres*
> *et plus encore avec les plus malheureux.*
> *Il y a des gens que j'admire plus que tout, ceux qui sont durs*
> *avec eux-mêmes et doux avec les autres. »*

Il me vient d'ailleurs sur cette idée d'indulgence une vidéo que j'avais vue sur Instagram et qui disait quelque chose d'assez juste. Cette partie aurait pu être mise dans le chapitre des relations humaines mais encore une fois tout se relie. Cela fait partie de notre arbre et de son feuillage. J'en parle donc un peu maintenant et aussi plus loin. Cet exemple montre que quelquefois nous pouvons être surpris de notre réaction. Prenons le cas d'une personne toujours sympathique, avenante, disponible et le jour où elle vous dit non pour une chose on va alors se dire que cette personne n'est en définitive pas si sympathique !!! On oublie dans ce cas vite tous les bons moments.

Inversement vous prenez une personne toujours désagréable voire bipolaire et un jour sans que vous sachiez pourquoi elle est avec vous, agréable. Cette fois votre réaction est de vous dire qu'en définitive cette personne n'est pas si désagréable... et c'est vite oublier son passé !!!

Je finirai ce chapitre sur la discipline par une vidéo vue sur Instagram. Source: Veronica Brown.

« Si tu n'as aucune discipline pour tenir tes objectifs c'est parce que tu comptes trop sur la motivation. La motivation est une émotion et comme chaque émotion ça vient ça part. Alors que la discipline ça reste car c'est toi qui la contrôles. C'est faire les choses même quand tu n'en as pas envie. C'est te donner assez d'amour et de respect pour continuer ce que tu t'étais fixé. »

Elle finit par cette phrase pleine de sens :

« La discipline c'est le respect de soi. »

Cette idée de « respect de soi » pour la discipline résume parfaitement ce chapitre.

Je répète enfin pour conclure volontairement la phrase d'introduction sur la discipline : « *La discipline peut remplacer bien des qualités. Aucune ne remplace la discipline.* » Car c'est le pilier. Nous avons donc parlé de l'importance de la « discipline ».

Celle-ci permet de développer les branches et les feuilles de notre arbre de vie.

Passons donc aux branches de notre arbre qui avec une bonne discipline ne pourront être que fortes et solides.

LES BRANCHES

Une bonne discipline sur soi va permettre de développer au mieux en nous ces 6 branches que je pense être indispensables pour solidifier au mieux notre personnalité.

1 – La puissance de l'esprit

2 – Le temps

3 – L'action

4 – Les relations humaines

5 – La culture générale

6 – La santé

LA PUISSANCE DE L'ESPRIT

« Surveille tes pensées car elles deviendront des mots.
Surveille tes mots car ils deviendront des actes.
Surveille tes actes car ils deviendront des habitudes.
Surveille tes habitudes car elles deviendront ton caractère.
Surveille ton caractère car c'est ton destin. »

disait Lao Tseu père fondateur du taoïsme, il y a 2600 ans.

J'ai hésité à appeler cette partie « le pouvoir du cerveau ». Cela sera la puissance de l'esprit même si la première phrase qui suit utilisera le mot « cerveau ».

Le cerveau est un super computer. Il est dit que l'on utilise seulement 10 % de nos capacités. Ce chapitre donnera quelques conseils pour tenter d'optimiser les capacités que nous connaissons.

Ainsi nous avons vu précédemment qu'avec une vraie discipline sur soi, on sera préparé à mieux développer chacune de nos branches.

Voici la première branche qui est donc « la puissance de l'esprit ». Je la place en premier car travailler sur notre cerveau et en fortifier son pouvoir aidera à développer les autres branches de notre arbre et notamment celle de l'action qui pourrait être intégrée dans cette partie mais j'en ai fait un chapitre à part entière car je la trouve tellement importante en continuité avec le développement de soi et de son esprit.

Je vais diviser ce chapitre en 2 parties.

La première partie sera sur l'autosuggestion positive, la loi de la manifestation et la loi de l'attraction ; et la deuxième partie sera sur la gestion des émotions.

1) L'autosuggestion positive, la loi de la manifestation et la loi de l'attraction

« Notre vie est ce que nos pensées en font »

disait Marc-Aurèle.

Pour commencer quelles définitions et quelles différences nous donne Internet sur ces 3 notions qui restent pour moi assez similaires. Internet nous dit :

L'autosuggestion positive est une technique psychologique dans laquelle une personne se répète des affirmations positives dans le but de modifier ses pensées, ses attitudes et son comportement. Cela implique de se concentrer sur des pensées et des images positives pour influencer son propre subconscient.

La loi de la manifestation est un concept issu du courant du développement personnel qui postule que nos pensées et nos émotions ont le pouvoir d'attirer dans notre vie des expériences, des situations et des résultats correspondant à nos vibrations énergétiques. En d'autres termes, ce que nous pensons et ressentons se manifeste dans notre réalité.

La loi de l'attraction est un principe similaire à celui de la manifestation, qui suggère que les pensées et les émotions positives attirent des résultats positifs dans notre vie, tandis que les pensées et les émotions négatives attirent des résultats négatifs. C'est une philosophie qui soutient que nous attirons dans notre vie ce sur quoi nous nous concentrons, que ce soit consciemment ou inconsciemment.

Il y a donc des rapprochements évidents entre les trois notions même si les deux dernières pourront paraître plus spirituelles et quelquefois un peu surréalistes ou métaphysiques. Il est possible que la loi de l'attraction et la loi de la manifestation puissent vous paraître étranges. Aucun souci. Je peux comprendre. Ce livre est une grande caisse à outils d'idées, phrases, citations, réflexions ou de pensées et vous aurez le choix de vous servir librement tout au long de ces pages des outils qui vous inspirent le plus, pour le mieux possible construire votre chemin de vie ; il n'est pas obligatoire d'utiliser tous les outils de cette boîte. Cette idée de manifestation ou d'attraction ne vous attirera peut-être pas. Peu importe il y aura d'autres outils dans la boîte. En tout cas c'est pour cela que j'ai choisi le mot « esprit » plutôt que « cerveau » pour intituler ce chapitre en raison du côté un peu spirituel de ces deux lois.

Pour commencer je dirai que le moteur même de ces trois techniques est la positivité. Cette idée de positivité sera un vrai fil conducteur tout au long de ces pages. La positivité c'est par exemple cette citation :

> *« Parfois, lorsque vous êtes dans un endroit sombre, vous pensez avoir été enterré*
> *alors qu'en réalité vous avez été planté. »*

Cette phrase ne transpire-t-elle pas la positivité ? Il faut penser positif. J'ai envie aussi de citer cette autre phrase :

« *Crois en toi. Sois la personne avec qui tu seras heureuse de vivre toute ta vie.* »

Ainsi on peut conditionner notre esprit et on doit conditionner notre esprit. Il ne faut pas que notre esprit s'empare de nous, il faut au contraire diriger notre esprit. Ne pas se faire diriger par ses émotions. Ce que nous verrons aussi plus loin.

Pour étayer ce propos voici la première source trouvée sur Instagram, Sudehy : **« efforce-toi de penser dans la bonne direction car ta vie suit tes pensées ».**

Il y a en effet, nous dit-il, une citation exceptionnellement puissante de Earl Nighttingale :

« *Nous devenons ce que nous pensons.* »

« *Tes pensées donnent la direction de ta vie. Tes pensées donnent la nature de ton environnement émotionnel. Si tu penses dans une direction, tu vis dans cette direction. Si tu penses problème, tu vis problème. Si tu penses impossibilité, tu vis impossibilité. Si tu penses injustice, tu vis injustice. Mais si tu penses possibilité, tu vis possibilité. Si tu penses rêve, tu vis rêve. Si tu penses amour, tu vis amour. Pense au monde dans lequel tu veux vivre.* »

Ces phrases ci-dessus (celles qui sont positives) sont en quelque sorte comme des MANTRAS (les mantras sont des sons, des mots ou des phrases énoncés dans l'esprit ou à haute voix que l'on se répète). Il faut donc être une nouvelle fois toujours dans cette positivité. À l'instar de la pratique de la joie que je citais précédemment. Et même si l'on n'est pas heureux il faut faire comme si (« fake it » diraient les Anglais).

« Le positif est celui qui voit une solution dans un problème.
Le pessimiste est celui qui voit un problème dans une
solution. »

Connaissez-vous la règle d'Abraham Hicks et la règle des 17 secondes ? Voici ce qu'il nous dit :

« Si tu penses quelque chose pendant 17 secondes. C'est un effet boule de neige pour d'autres pensées. Il faut donc penser positivement pour continuer à penser positif. »

Il y a aussi cette histoire de Phil Helmuth ; meilleur joueur de poker de tous les temps. Il dévoile le secret de la réussite familiale :

Nous avons tous très bien réussi dans la famille grâce au dicton de ma mère que nous disions devant la glace :

Tu es ce que tu penses.
Tu deviens ce que tu penses.
Ce que tu penses devient ta réalité.

Nous avons bien pensé et surtout en grand, disait-il. C'est une autre façon de répéter la citation de Nighttingale. Et je rebondis sur le « *en grand* » car cela me fait penser à une vidéo que j'ai vue sur Tony Parker où il disait :

« En France on a tendance à être un peu négatif quand tu annonces tes rêves. Moi je voulais aller jouer en NBA et être le premier meneur européen à réussir en NBA. On se foutait de moi. Moi j'ai toujours rêvé en grand. C'est un peu ma phrase. Je dis tout le temps : il faut rêver en grand et quand tu dis ton rêve à quelqu'un et s'il ne se fout pas de toi, c'est que tu ne rêves pas assez grand. »

J'avais aussi vu une vidéo sur la pensée positive intitulée « **la magie de voir grand** ».

Il y a un principe très simple disait la vidéo :

« Voir grand ne coûte pas plus d'énergie que penser petit. Tu peux dire Volkswagen ou Rolls-Royce. »

Cela pourrait paraître simpliste mais pourtant tellement évident et juste.

Il y a aussi cette phrase que j'ai entendue dans une source intitulée « **How big would you dream.**»

La phrase est la suivante : how big you would dream if you knew you couldn't fail

*« **À quel point tu rêverais grand si tu savais que tu ne peux pas échouer.** »*

« La seule chose qui nous arrête, c'est en fait nous-mêmes. Faites un pas dans la bonne direction et vous êtes à mi-chemin pour réaliser votre rêve. »

On pourrait aussi parler tout bonnement de la fameuse **méthode Coué.** La méthode Coué est une méthode qui nous permet d'utiliser notre inconscient, pour intégrer en soi des idées positives d'amélioration. Pour cela, il vous suffit de répéter une vingtaine de fois, matin et soir, une phrase positive, pour que celle-ci fasse son chemin dans votre inconscient.

Il y a toujours dans ce même registre cette autre phrase trouvée sur Instagram dans « **the magic of your mind** ».

Les psychologues ont découvert une loi naturelle qui est la fondation du succès (encore une fois je parle de succès personnel en dehors de l'idée de compétition).

« Tout ce que l'esprit peut concevoir et croire, votre esprit peut le réaliser. »

Cela me fait penser à l'effet placebo ou plutôt à son inverse. Source Dr Josh Axe **The nocebo effect.** Il nous dit :

« Il y a l'effet placebo mais il y a aussi l'inverse qui est l'effet nocebo. Placebo signifie que j'ai pris des pilules sans effet mais je crois qu'elles en ont et cela fait un effet positif en moi. L'effet nocebo signifie que je crois que j'ai quelque chose de très négatif et que mon corps s'effondre à cause de cela. »

Il y a l'histoire d'un homme qui a reçu un diagnostic de cancer du foie et le médecin lui a dit qu'il lui restait 3 ou 4 mois à vivre et la personne est décédée dans les mois qui suivirent. On s'est rendu compte après qu'il y avait eu une erreur sur le diagnostic de la tumeur. Elle était en fait bénigne. C'est là que l'on voit vraiment la puissance de nos pensées. Si vous pensez que vous avez quelque chose de grave, alors que ce n'est pas le cas, vous pouvez en mourir !!!

Cela me rappelle un passage dans un livre de Laurent Gounelle « l'homme qui voulait être heureux » sur cette fois-ci la puissance du placebo où il y avait une étude qui a mis en évidence que les malades qui ont guéri étaient au préalable absolument convaincus que leur traitement allait les guérir. On en revient au pouvoir de ses pensées et encore une fois pourquoi penser « négatif » ? N'est-ce pas mieux de penser « positif » et même si c'est dur pour des raisons valables, il faut faire le maximum pour se forcer. Rappelez-vous encore une fois des mots de Dante Gebel en tout début du livre : « *La vie n'est peut-être pas la fête à laquelle tu t'attendais mais tant que tu es là tu dois danser.* » Cette phrase sera d'ailleurs à nouveau répétée pour qu'elle s'ancre en vous.

Avant de passer à la loi de manifestation ou attraction voici un dernier exemple avec toujours cette idée de « mindset ». Ici j'utilise volontairement le terme anglais. C'est-à-dire « configurer son esprit ». C'est le fait de changer d'état d'esprit. La source vient *de John* Assaraf intitulée **« Mindset Therapy »**.

« Un homme dans une réunion en une minute a changé ma vie. Il m'a demandé: Quel but avez-vous ? Je lui ai répondu « Que voulez-vous dire ? Je pense sortir ce week-end faire du sport... » Non : « Quels sont tes plus gros objectifs ? »

Je n'en ai aucune idée !!! Il m'a renvoyé à la maison et m'a dit de remplir une feuille avec des choses comme « A quel âge veux-tu prendre ta retraite ? » ... Je n'avais même pas encore commencé à travailler et j'ai quand même répondu : « Être à la retraite à 45 ans ; gagner 3 millions de dollars ; je veux une maison... » Je reviens le lundi, il regarde ma liste et il me pose une question qui a transformé ma vie. « Es-tu intéressé ou es-tu engagé à atteindre ces objectifs ? » « Quelle est la différence ? » lui ai-je dit. « Si tu es intéressé tu feras ce qui est facile, tu trouveras toujours des excuses ou des raisons pour ne pas pouvoir. Si tu es engagé tu sauras lâcher prise avec ces excuses et tu apprendras à devenir celui que tu étais destiné à devenir. »

En anglais on parle de **« commitment »**. On aurait pu en parler plus tôt car c'est une forme de discipline ou plus tard dans la partie action mais je le répète tous les thèmes et sous-thèmes de notre arbre sont liés. Cet outil que les Anglais traduisent par le

« mindset » peut être utilisé très souvent dans la construction de notre chemin de vie et de notre personnalité.

On va maintenant parler de 2 lois qui sont proches de l'autosuggestion avec une idée je qualifierais de plus spirituelle : les lois de manifestation et d'attraction.

Nous avons vu plus haut les définitions sur Internet. En résumé, la loi de l'attraction est souvent considérée comme un aspect spécifique de la loi de la manifestation, qui englobe un ensemble plus large de principes et de pratiques pour créer la réalité désirée. Elle engage quelquefois la spiritualité et la discussion avec l'Univers. On sollicite et on remercie l'Univers pour ce qu'on lui demande et ce qu'il nous apporte. Cela pourra paraître pour certains bizarre. En tout cas, ces extraits pris sur les réseaux sociaux, sur ce sujet figurent volontairement dans ce manuscrit et sont là pour ceux qui y croient.

Première source intitulée « **Rise beyond limits whatever it is happen imagine in you mind that is already happened** ». Idée que l'on a déjà plus ou moins abordée. La personne nous dit :

« Voici un petit conseil. Si tu souhaites que quelque chose t'arrive. Ce que tu dois faire est d'imaginer dans ton esprit que **c'est déjà arrivé.** Non que cela va arriver, non que tu es très confiant et déterminé que cela va arriver mais que cela est **déjà arrivé.** Je ne parle pas de vivre une illusion mais de faire un exercice qui prend 2 ou 3 minutes et pendant ces 3 minutes tu penses comme si tu l'avais déjà et cela met une empreinte dans ton subconscient. Cela s'imprime dans ton subconscient. Cette vibration est une vibration d'énergie et lorsque cette vibration d'énergie est dans le subconscient, elle attire les gens, les circonstances, les événements, la synchronicité qui fait que cela se produit. »

Autre passage sur Instagram qui disait ceci :

« C'est la méthode la plus incroyable que j'aie jamais vue, je l'ai apprise il y a quelques années. Réécrivez simplement votre objectif chaque matin. Si vous faites cela, vous reprogrammez à chaque fois votre subconscient. Vous créez un champ de vibration dans votre cerveau qui sort de vous et attire tout ce dont vous avez besoin. C'est une loi de l'attraction. »

Une autre source : celle de Blandine Bert intitulée « **la phrase qui vous aide tous en matière de loi d'attraction** ».

« Demain matin dès ton réveil je te propose de citer cette phrase magnifique et très puissante qui va pouvoir changer ta journée voire ta vie entière. Cette phrase de loi d'attraction que je me répète de temps en temps et qui est d'une force universelle. Cette phrase tu vas te la répéter avec ta tête et avec ton cœur. Tu vas te la répéter 21 jours de suite pour bien qu'elle s'ancre en toi. Et que l'attraction t'arrive enfin.

« Je pose maintenant l'intention d'expérimenter aujourd'hui une journée pleine de miracles. Car tout ce que je fais fonctionne toujours pour moi.Tout ce que je fais fonctionne toujours pour moi. »

De la même façon cette autre source intitulée « **Write this down. Use the 3 6 9 rule and wait for all your dreams come alive** ».

« Je suis si heureuse et reconnaissante maintenant d'avoir autant de sources de revenus. Je suis tellement heureuse et reconnaissante maintenant que l'argent me parvienne en quantités croissantes, via de multiples sources, de manière continue. Faire cela dans les prochains 30 à 60 jours en l'écrivant tous les jours. Écrire cette phrase tous les jours. »

Ou cette astuce pour changer ta vie en te répétant :

« Dans ta vie tu n'as aucun problème. Dans ta vie tu n'as aucun souci. Car l'Univers ne t'envoie que des opportunités à grandir. L'Univers ne t'envoie que des opportunités à transformer ta vie. L'Univers ne t'envoie que des opportunités pour que tu puisses évoluer sur ton chemin de vie. Remplace le terme problème ou souci par OPPORTUNITÉ. Aujourd'hui j'ai une opportunité à transformer ma vie. »

Ou cet autre exemple de Glennda Baker **« Trouver son mantra »** :

« Par exemple je dis à moi-même, je vais trouver une place pour me garer. Ce discours intérieur est si essentiel au succès. Quand j'ai été séparé pour la première fois pendant si longtemps, j'ai dit que c'était de ma faute que j'étais tellement stupide… blabla. Je mettais toute la négativité dans ma tête. Arrête de te dire ça. Il faut tout le temps positiver dans sa tête. Se dire des dizaines et des dizaines de fois par jour je m'appelle Untel "il m'arrive que de bonnes choses". » Il faut trouver son mantra, disait-elle.

Pour ma part cela sera sous forme d'un ACRONYME que nous découvrirons comme je l'ai précisé au fil de ses pages.

Voici encore une autre source qui est plus sur la visualisation : **« The power of our mind »**.

« Souviens-toi quand tu veux créer quelque chose tu dois le voir dans ton esprit. Cela doit être réalité. Si vous pouvez le voir dans votre esprit, cela doit arriver, c'est la loi de l'Univers. Vous devez le voir en détail et ne vous inquiétez pas de la façon dont cela va se produire. »

Même idée ou la personne dit :

« Si on s'assied avec un stylo et on demande à soi-même : « Que veux-tu réellement » et on l'écrit. Il faut faire une description écrite de ce que l'on veut au présent. Le fait d'écrire engendre le fait de penser. Le fait de penser crée une image et cette image crée une vision dans ton esprit et tout commence avec une vision. La pratique de la visualisation est aussi un outil important qui peut être utilisé pour créer ta vie.

L'acte de fermer tes yeux et répéter ce que tu vas faire commence à installer le matériel neurologique dans ton cerveau pour voir que tu l'as déjà fait. Maintenant, ton cerveau n'est plus dans le passé mais dans le futur. »

Nouvelle source : Sophie Chague « **Voici la raison principale pour laquelle vous n'obtenez pas ce que vous désirez.** »

« Cette loi universelle est une loi essentielle de la manifestation. C'est la loi de l'effort inversé. Tout ce à quoi je résiste persiste. Cela signifie comme je dis souvent que tu attires ce que tu es mais il y a une subtilité super importante : si j'essaye d'être quelque chose c'est que fondamentalement je ne le suis pas donc ça veut dire que je renforce l'idée même que je ne le suis pas. L'idée ce n'est pas d'essayer de devenir la personne ; c'est de ressentir la version de nous qui l'est déjà. D'aller chercher en nous l'espace où se trouve déjà cette partie de nous qui existe, par exemple si je veux ressentir l'abondance, si je veux plus d'abondance je vais ressentir toutes les parties de moi où je suis déjà cette abondance plutôt que d'essayer de devenir cette abondance. C'est une subtilité extrêmement importante pour vos manifestations. »

Dorothy Brand a écrit un livre très intéressant en 1935. Elle dit :

« La clé du succès est d'aller avec confiance dans la direction de tes rêves. Agis comme s'ils ne pouvaient pas échouer. Cela signifie que vos véritables croyances sont toujours exprimées dans votre action. Ce n'est pas ce que vous dites ou ce que vos intentions disent de ce que vous croyez, mais seulement ce que vous faites qui est votre véritable mesure. Si vous devez vous sentir en confiance, constant, courageux, concentration élevée et ce sentiment générera l'action et l'action générera les sentiments. Vous vous sentirez au fond de votre âme comme un être humain prospère, confiant, optimiste et inarrêtable. »

Pour finir je reprendrai les propos d'un participant à une conférence qui disait ceci :

« On s'en fout de pas savoir comment on va y arriver, parfois dans la vie il faut juste y aller, avancer avec foi, faire sa part. Le reste se met en place. Alors ça peut te paraître abstrait, ésotérique ou spirituel mais je veux que tu saches que quand tu t'alignes avec ce que tu demandes à l'Univers et que tu oses aller te battre alors l'Univers se débrouille de te le faire obtenir. »

Un dernier exemple car il y en a déjà pas mal et c'est peut-être un peu répétitif mais je le répéterai tout au long de ce livre : c'est à vous de faire votre choix.

« Exercice super puissant que tu vas faire en 3 minutes et qui va aider à pouvoir décupler tes techniques de manifestation. Tu n'auras besoin que de 2 ingrédients : tes émotions et tes pensées. Les pensées envoient le signal électrique dans le champ quantique et les émotions attirent l'expérience imaginée dans notre réalité. C'est donc la cohérence entre les pensées et les émotions, la cohérence entre le cerveau et le cœur qui ouvre une porte vers toutes les versions de la réalité dans le champ quantique. L'exercice est le suivant. Premièrement, assis ou couché dans une position confortable, ferme les yeux et mets tes mains sur ton cœur car c'est là où tu poses ton attention et que l'énergie circule. Prends 5 respirations lentes et profondes ; 5 secondes d'inspiration et 5 secondes d'expiration. Cela cinq fois. Lorsque nous ralentissons notre rythme respiratoire, notre cœur se sent en sécurité. Enfin génère une de ces 4 émotions pendant 3 minutes : amour, appréciation, gratitude ou compassion. Tu peux le faire en pensant à quelqu'un ou quelque chose pour lequel tu ressens une de ces 4 émotions. Tu peux faire cet exercice chaque matin et de préférence après avoir bu un verre d'eau, tu vas créer pas moins de 1300 réactions chimiques dans ton corps dont l'effet va durer 6h. »

Parler donc à l'Univers peut vous paraître bizarre mais certains vous diront que cela marche pour avancer. Nous verrons d'ailleurs plus loin, dans la partie « santé », les bienfaits du son et de la musique avec la protéodie et aussi la beauté de la cymatique.

Mon but est toujours de vous montrer que la première action est d'être positif. J'aurais pu d'ailleurs appeler ce livre « Positivité ». Même si ce n'est pas toujours simple. Les premiers mots du livre d'ailleurs, en introduction, le précisent : « Ne cesse jamais de sourire… »

Je vous ai aussi parlé de la première lettre de mon ACRONYME qui était le S de sourire. Meilleure façon pour se mettre dans un état de positivité. Si cela vous paraît trop compliqué, mettez-y une pincée de discipline et vous devriez y arriver.

Pour finir ce chapitre ne pas hésiter à répéter régulièrement ces affirmations ci-dessous forcément positives qui peuvent aider à reprogrammer l'esprit subconscient et à renforcer la confiance en soi.

1 « Je suis capable de surmonter tous les défis qui se présentent à moi. »

2. « Chaque jour, je deviens de plus en plus fort(e), plus sage et plus confiant(e). »

3. « Je mérite le succès et je l'attire dans ma vie. »

4. « Je suis rempli(e) de gratitude pour toutes les bonnes choses dans ma vie. »

5. « Je choisis d'être heureux(se) et positif(ve) dans chaque situation. »

6. « Je suis en train de créer une vie remplie de bonheur, d'amour et de succès. »

7. « Je suis digne de réussir et je m'engage à poursuivre mes rêves avec détermination. »

8. « Mes pensées sont puissantes et je les utilise pour créer la réalité que je désire. »

Je trouve que ces phrases sont agréables à lire et relire. Elles donnent de la force, de l'oxygène. En tout cas pour moi. Si c'est la même chose pour vous alors faites comme moi n'hésitez pas à les voir et revoir.

Voyons maintenant la gestion des émotions

2) La gestion des émotions

Que dire sur les émotions ?

Les émotions de base sont partagées par l'ensemble de l'humanité. Quelle que soit la culture avec les mêmes traits de réaction sur le visage. C'est commun car utile : adaptation en temps réel à ce qui se passe dans l'environnement.

Voici d'ailleurs un passage d'une nouvelle source internet qui disait :

« Si on n'avait pas la peur on se mettrait chaque fois en danger. Si on n'avait pas la colère, on ne saurait pas défendre ce qui est important pour nous. Si on n'avait pas la joie, on ne se réveillerait pas le matin. Les émotions sont utiles et ont un rôle. Il faut les avoir. Ce qui nous fait souffrir c'est de ne pas écouter nos émotions et qu'elles deviennent beaucoup plus fortes et qu'elles nous absorbent et nous mettent dans la réaction. Le colérique va s'emporter. Le triste va s'isoler au lieu d'aller vers l'extérieur. C'est là où la souffrance apparaît. C'est quand l'émotion déborde et n'est pas apprivoisée. »

Bien entendu je ne vais pas traiter toutes les émotions (certains textes parlent de 27 émotions, d'autres de beaucoup plus) mais je vais me focaliser sur certaines qui me semblent plus importantes dans le processus de développement personnel. Je souhaite par quelques exemples montrer à nouveau qu'il ne faut pas se faire dicter ses émotions mais les diriger.

Voici celles que j'ai retenues :

– **la peur (et aussi le stress) et la confiance**

– **la joie**

– **l'ennui, le manque et le désir**

– **la colère**

– **la tristesse.**

La peur (et aussi le stress) et la confiance

Je commence par l'émotion de la peur tellement présente dans notre quotidien et dans la société d'aujourd'hui, de plus en plus anxiogène. Je n'oublie pas aussi une émotion très proche qui est le stress et qui sera abordée dans cette même partie. Pour différencier les deux, on peut dire que : **l'émotion de la peur est plus perçue comme une menace immédiate alors que le stress peut paraître plus généralisé et persistant, résultant de divers facteurs dans la vie quotidienne.** La peur est donc plus une réponse émotionnelle à quelque chose de plus spécifique.

La première chose à faire par rapport à une peur est de ne pas dire « n'aie pas peur » mais dire que « c'est normal » ; la peur est une émotion normale. Éviter la négation de l'émotion alors qu'une émotion est normale.

Donc la première chose à comprendre est que cela est naturel. Par contre comment gérer cette émotion ? Voilà l'enjeu.

Sénèque disait ceci :

> *« Nous souffrons plus dans notre imagination*
> *que dans la réalité. »*

Et cela est tellement vrai. Nous créons des hypothèses, forgeons une histoire dans notre tête alors que souvent la réalité est autre. Autre citation intéressante et claire :

> *« Le courage ce n'est pas l'absence de la peur*
> *mais la capacité à la surmonter. »*

Il y a aussi cette autre idée que j'aime bien sur la peur par cette visualisation d'un lac : la peur, c'est comme un grand lac d'un kilomètre de long. On a peur d'y entrer. On ne sait pas ce qu'il y a dedans, mais dès que l'on a le courage d'y entrer on s'aperçoit que c'était profond juste d'un centimètre !!! Souvent on surréagit face à la peur alors qu'une fois que l'on a posé son pied dans ce lac on se rend compte que celui-ci n'était pas bien « profond ».

Autre source, celle de Sophie Chague intitulée **« Vos peurs sont vos alliées »** :

« Comment passer d'un état de peur à un état de sécurité intérieure. Lorsque j'ai une peur je prends un instant et je ne laisse pas mon esprit prendre le dessus. Au lieu de laisser mon esprit me dire "Oh mon Dieu si cela ne fonctionne pas, si je me trompe, si je faisais une erreur, si on disait quelque chose de mal sur moi", je respire un grand coup et me dis : "Je suis en sécurité, tout va bien pour moi, je vais bien même si j'ai peur, je suis capable d'aller bien même si j'ai peur." **Nos peurs sont un cadeau.** »

On revient à la citation d'au-dessus où le courage n'est pas une absence de peur mais la capacité que nous devons avoir à la surmonter. En ce qui me concerne, quand je reçois un coup de fil pour un souci à régler (je suis ici plus dans le stress), instantanément j'essaye de le transformer en positivité. Je me dis SUPER il y a cela à régler ; je m'en occupe même si cela ne m'enchante pas vraiment. Le simple fait de penser ainsi et 50 % du chemin est déjà fait.

Une autre source sur la confiance vient de Julien Blanc, **« Nothing can affect your confidence ».** Voici ce qu'il nous dit :

« Je viens vers toi et te dis que je déteste tes cheveux bleus. Seras-tu offensé ? Non car tu n'as pas de cheveux bleus. C'est la même chose quand quelqu'un t'attaque, il faut savoir se détacher. Il peut dire ce qu'il veut mais je me connais et je sais qu'il a tort. Tu peux dire cela mais je sais qui je suis. »

On peut aussi traduire l'idée ci-dessus par cette intervention prise sur internet d'Olivier Brunet qui nous dit fort justement : *« Ce n'est qu'une pensée ».* Et il nous dit : « *C'est la phrase la plus puissante de la langue française. Si tu parviens à reconnaître à chaque instant les pensées pour ce qu'elles sont ; les pensées négatives n'auront aucun pouvoir sur toi. Qu'est-ce qui fait qu'une pensée a du pouvoir ? Ce n'est pas la pensée en elle-même ; c'est l'attention que tu vas lui porter [...] car la pensée tu peux totalement la laisser passer mais si tu lui prêtes de l'attention tu lui donnes la valeur de la réalité ; et l'erreur que l'on fait tout le temps, c'est de croire que la pensée vient de la réalité alors que c'est exactement le contraire : c'est la pensée qui crée la réalité.* »

Concernant le stress il y a aussi cette idée qui dit que c'est le signe que « vous avez perdu le moment présent, le moment suivant est devenu plus important que la vie elle-même ». Eh oui encore une fois cette idée de « **moment présent** » si important et qui sera tout au long de ce livre abordé.

Continuons par cette autre source de Fabrice Midal où il nous dit :

« La confiance, c'est je ne sais pas comment je vais faire. J'ai peur. Je ne sais pas quelles sont mes ressources. Car je ne peux pas la maîtriser à l'avance. Mais je suis prêt à danser avec la situation. Et je crois que c'est ça ou comme dit un écrivain que j'aime beaucoup qui s'appelait Ramuz **"La confiance, c'est ne pas avoir peur de ne pas avoir confiance"**. La confiance c'est y aller même si on ne sait pas comment on va y aller mais on y va quand même. »

Dans le travail de William Glasser sur ce qu'il appelle **« la personne pleinement fonctionnelle »**, il nous livrait ceci :

« Ces personnes représentent 10 % des personnes. Elles ne se plaignent jamais […] n'ont jamais envie de s'expliquer. Je suis responsable de ma propre vie et si quelqu'un n'aime pas ce que je fais ou ce que je n'aime pas, ce n'est pas mon problème et si vous vous répétez cela encore et encore, vous pouvez en fait vous reprogrammer et annuler et remplacer toute la programmation précédente qui génère cette peur. »

Pour continuer je citerai une phrase de Jeff Bezos :

« Le stress ne vient pas du travail acharné
Le stress vient principalement du fait de ne pas agir sur quelque chose sur lequel vous pouvez avoir un contrôle. »

Il y a aussi ce passage très intéressant de Muriel Ruzzante sur Instagram qui nous dit :

« Souvent on attend d'avoir confiance en soi pour faire quelque chose. Eh bien en fait cela ne se passe pas du tout comme cela. **C'est l'inverse :** il faut faire pour avoir confiance en soi. Il faut oser faire ; refaire pour avoir confiance en soi. Et plus on fera ; plus notre confiance grandira. »

Une autre vidéo sur Instagram disait aussi ceci : « quand on a peur de sauter le pas ; c'est là qu'il faut sauter justement sinon on finit par rester à la même place toute sa vie… »

En définitive, il est important de s'apercevoir qu'encore une fois nous ne devons pas être dirigés par nos humeurs. Pour cela il faut agir, bouger, oser et aller de l'avant et être dans le positif et dans la gestion de nos émotions et souvent on s'aperçoit que l'étendue du lac pouvait paraître impressionnante mais le lac n'était en définitive pas si profond !!!!

L'humoriste Jérémy Ferrari disait aussi dans une vidéo quelque chose de juste : « Pour aller mieux il faut faire tout ce que tu n'as pas envie de faire quand tu vas mal. Quand tu vas mal tu n'as pas envie de parler ; de manger correctement ; tu n'as pas envie de dormir tôt et tu n'as pas envie de faire du sport. C'est exactement les quatre choses qu'il faut faire pour aller mieux. Je ne connais personne qui soit revenu d'un jogging plus déprimé qu'au départ. Il faut se mettre des éléments de discipline… »

Dernier conseil sur la confiance qui est celui de Mini Metha. Voici ce qu'elle dit :

« Ce que j'ai fait est de créer un **alter ego**. Tout le monde sait ce que c'est. C'est créer un personnage externe.

Certaines personnes les plus puissantes dans ce monde ont créé des alter ego ; Eminem a Slim Shady ; Beyonce a Shasha Fierce ; Koby Bryan avait Black Mamba. Où ils allaient ; sur la scène ; sur un terrain ; ils devenaient leur alter ego. Ils devenaient cette personne. Quand ils devaient prendre par exemple un micro, ils devenaient la voix la plus puissante de l'audience. Moi aussi j'ai créé un alter ego. J'ai d'abord réfléchi à ce que je voulais qu'il soit. Comment il devait parler, marcher, se comporter avec les autres. C'est important car c'est la personne qui va devenir ton meilleur ami. Mais très important. Ce que j'ai réalisé est que l'alter ego que j'ai créé existait déjà en moi […] Il n'est pas toujours en mode marche. Vous pouvez l'activer quand vous en avez besoin. Il est là pour vous aider… »

C'est donc une technique amusante pour se donner confiance. Nos pensées deviennent réalité. Imaginez comment vous souhaitez votre alter ego (confiant, solaire, charismatique, brillant, sympathique…) et mettez-le en mode ON quand vous en avez besoin.

Passons à la joie.

Joie

(La tristesse sera plus bas.)

> **« Si tu es dépressif tu vis dans le passé**
> **Si tu es anxieux tu vis dans le futur**
> **Si tu es en paix tu vis dans le présent »**

disait Lao Tseu

Cette citation aurait pu figurer plus haut sur la gestion du stress. Elle est importante dans nombre de domaines car elle nous parle tout simplement de l'**instant présent.** Cette idée d'instant présent fournit d'ailleurs la deuxième lettre de mon ACRONYME avec le I. Ce sera aussi forcément abordé dans le chapitre sur le « Temps ». L'instant présent est une vraie composante du bonheur.

> **« Les enfants n'ont ni passé ni avenir, et, ce qui ne nous arrive**
> **guère, ils jouissent du présent »**

disait Jean de La Bruyère.

Comme disait aussi Renaud : « **le temps est assassin et emporte avec lui le rire des enfants** » car adulte nous ne vivons plus dans le présent ou du moins de moins en moins.

Frédéric Lenoir développait trois idées essentielles pour parvenir au bonheur :

– **Penser à des souvenirs agréables**

– **Avoir de la compassion**

– **Et être dans l'instant présent**

Ce que je trouve très juste, et Frédéric Lenoir allait encore plus loin pour l'« instant présent » en parlant de l'importance de l'attention. C'est ce qu'il appelle « **sa petite recette** » et voici comment il l'expliquait :

« J'ai redécouvert l'importance de l'attention. C'est une des choses qui nous rend le plus heureux. J'étais beaucoup dans ma tête et quand j'ai pris conscience de ça j'ai fait beaucoup d'exercice quotidien. Ce qui nous rend le plus heureux est d'être attentif à ce que l'on fait. Je bois et je savoure le moment où je bois. Je regarde un paysage, je suis attentif à ce que je regarde. Je discute avec quelqu'un ; j'écoute vraiment ce qu'il me dit et ne pense pas à autre chose. Je fais de la cuisine, je suis attentif aux saveurs, aux odeurs, aux couleurs [...] La qualité de présence aux autres nous rend vraiment heureux, ça décuple notre plaisir. Et j'ai découvert que les scientifiques nous l'expliquent : lorsque l'on est attentif à ce que l'on fait notre cerveau va secréter de la dopamine et de la sérotonine qui sont des substances chimiques que l'on utilise pour faire des antidépresseurs. Ainsi la science d'aujourd'hui nous explique ce que les sages nous disent depuis 2500 ans. »

Frederic Lenoir dit aussi ceci dans un passage intitulé **« La gratitude »** :

« Chaque fois que je remercie je suis dans la joie. Chaque fois que je râle, je suis dans la tristesse. En France, on râle beaucoup. Pourquoi vous pensez que la France est un des pays les plus malheureux au monde ? On est un des pays où l'on se plaint le plus et le fait de se plaindre empêche la joie. La joie vient de la gratitude. Le fait de remercier la vie pour tous ces moments merveilleux qu'elle nous offre. Le fait d'être conscient qu'on a de la chance d'être en vie. »

Donc voilà une autre clé : être dans la gratitude plutôt que dans la plainte et dès que l'on est dans la gratitude on est dans la joie.

Cela nous rappelle le passage des 3 C dans la partie discipline sur soi de Max Piccinini et sur son rituel du matin où le deuxième « C » était de mettre sa main sur son cœur pour la gratitude. Cela nous rappelle aussi l'idée de Gurudev sur l'importance de pratiquer la joie.

Il faut donc parler à nos émotions, les écouter et surtout encore une fois ne pas se faire diriger par celles-ci.

Passons à d'autres émotions tout aussi importantes.

L'ennui, le manque et le désir

L'idée d'ennui sera aussi abordée dans une autre partie (chapitre sur l'action) où l'on verra que le « bonheur est dans le faire » avec l'idée de projets (petits ou grands) avec des objectifs et qu'il faut combattre l'idée d'oisiveté qui n'use plus que le travail. J'ai voulu toutefois en parler maintenant car l'ennui fait partie de notre feuillage et comme je l'ai dit celui-ci peut correspondre à plusieurs branches. C'est donc l'extrait d'une vidéo à nouveau d'André Comte-Sponville qui cite Schopenhauer et que je trouvais intéressante. Il nous dit :

« Quand je désire ce que je n'ai pas, j'ai donc un manque ; c'est ce que Schopenhauer appelle comme tout le monde la souffrance. J'ai faim, il n'y a pas à manger : souffrance ; je l'aime, elle ne m'aime pas : souffrance. Mais quand j'ai ce qui dès lors me manque plus, donc que je ne désire plus donc que je n'aime plus, il n'y a plus de souffrance, il n'y a plus de manque, ce n'est pas le bonheur, il n'y a plus de désir, je ne peux pas avoir ce que je désire s'il n'y a plus de désir. Ce n'est pas le bonheur, ce n'est pas le malheur c'est ce que Schopenhauer appelle simplement et fortement l'ennui. »

Je trouvais ce passage assez intéressant. Toutefois on pourrait aller plus loin sur l'idée du désir. En effet André Comte-Sponville nous donne la conception du désir sous un affect douloureux. C'est la souffrance selon Schopenhauer qui me fait désirer mais il y a aussi comme il sait l'expliquer la version de Spinoza qui dit que le désir est « l'essence de l'homme » et pour Spinoza à l'inverse le désir est tellement fort qu'il crée un manque. Ainsi je vous pose cette question : c'est parce qu'il y a manque qu'il y a désir ou c'est parce qu'il y a désir qu'il y a manque ? Eh bien on ne peut les opposer, il y a les deux. Je dirais pour ma part que la théorie de Spinoza est de plus en plus présente dans l'évolution de la société avec la création de richesse qui développe le désir. Je m'explique. Quand on est très pauvre – on n'a par exemple pas de chaussures – il y a un manque et donc un désir. En revanche, pour rester dans les chaussures, les jeunes aujourd'hui sont fous de sneakers avec de nouveaux modèles qui sortent tous les jours. Il n'y a pas ici de manque mais dans ce cas-là il y a création d'un désir qui lui-même crée dans le cerveau un manque. On peut aussi parler du désir comme une émotion d'anticipation au même titre que la peur ; car ce désir, celui de Spinoza, crée un manque qui n'est pas naturel. Avoir faim est un manque naturel. Vouloir les profiteroles en fin de repas ne vient pas d'un manque naturel mais d'un désir dû au choix. On en revient à cette société ultra-consumériste qui nous pousse de plus en plus à désirer avec cette notion qui s'appelle le marketing. La conception première du marketing est de savoir mettre en valeur un produit pour le vendre et donc le faire désirer mais il y aussi ce que j'appellerais l'« art du marketing » qui est de nous vendre quelque chose dont nous n'avons pas forcément besoin. Est-ce que le désir permet de rendre l'homme heureux ? J'en suis persuadé dans certains cas où l'on arrive à son but ou à son objectif. Si on ne désirait rien ça serait bien triste. Toutefois je parlerai d'une quête du désir comme l'on verra aussi en fin de ce livre avec l'idée de la « quête du bonheur » selon Charles Pépin.

Passons maintenant à une autre émotion très diffuse dans nos sociétés. Je veux parler de la colère.

La colère

Que dire de la colère ? Déjà on pourrait tellement mieux la gérer. Et surtout il y a cette importance à la canaliser car elle est néfaste à notre organisme. On en parlera dans la partie santé et sur la notion d'homéostasie. En effet, si on pouvait ne pas se plaindre pendant une semaine, cela ferait du bien à notre corps. Donc pour parler de la colère je vais m'appuyer sur cette source qui s'appelle **« How do i forgive someone who is not forgivable ? »** Voici ce qui est dit et c'est tellement juste :

« La colère est la punition que vous vous infligez pour l'erreur des autres.

Tous ceux à qui vous ne pardonnez pas occupent votre esprit sans payer de loyer

Pourquoi as-tu un locataire que tu n'aimes pas ? »

Je trouve cette définition de la colère (vue de façon inversée) très belle et qui pousse à réfléchir une nouvelle fois sur la gestion de ses émotions et la capacité à prendre du recul par rapport à celles-ci avec cette fois-ci un travail sur soi proche de la méditation. Pas facile à faire mais la phrase ci-dessus encore une fois est tellement juste.

90

Il y avait aussi sur internet une vidéo de Grégroire Jauvais intitulée **Qu'est-ce qui vous empêche de penser à l'endroit ?** Sur le même principe ; il disait :

« Qu'est-ce qui vous empêche de penser à l'endroit plutôt qu'à l'envers ? Imaginez que vous avez plein de haine contre quelqu'un. Vous croyez que vous l'atteignez, NON mais cela vous atteint vous !!!! »

De la même manière on pourrait traduire la colère ainsi. Source : **Comment mieux gérer sa colère.**

« J'ai le droit d'être en colère parce que cette personne a fait ça. Oui mais qui souffre ? La personne est partie, elle a fait ce qu'elle a fait. Chaque fois que mon esprit s'enfonce dans la colère, c'est moi qui souffre. Le bouddha a dit que c'était comme avoir un charbon ardent dans la main ; vous le tenez et il vous brûle. Mais si vous le posez il ne vous brûlera plus. Le pardon consiste à se débarrasser de ce fardeau. Nous sommes souvent en colère avec quelque chose ou contre quelqu'un. Ce qui est important est plutôt d'examiner la colère plutôt que la personne. Tant que nous n'y parvenons pas, la colère s'amplifiera. Il faut savoir méditer sur sa colère en oubliant les raisons de cette colère. Cette colère commencera à se démanteler, à fondre et c'est comme ça que vous retrouverez la liberté dans la colère. »

Je sais que c'est plus facile à écrire qu'à faire mais il faut prendre conscience de cette double peine car nous la subissons comme une injustice et c'est en plus nous qui souffrons. Pourquoi s'infliger cela ?

Pour finir voici un joli passage que j'ai trouvé sur la colère et que je voulais une nouvelle fois partager :

« Quand 2 personnes sont énervées l'une contre l'autre tu sais pourquoi elles crient ? C'est un peu curieux car elles sont juste l'une à côté de l'autre. La raison pour laquelle les gens crient quand ils sont en colère c'est parce que bien qu'ils soient proches physiquement l'un de l'autre leurs cœurs eux se sont trop éloignés et parce que leurs cœurs sont si éloignés ils ressentent le besoin de crier pour combler cette distance qui a été créée et avez-vous remarqué que cela fonctionne aussi dans l'autre sens. Quand tu as une relation aimante et que ton cœur est très proche de quelqu'un alors tu chuchotes et même quelquefois tu n'as pas besoin de dire un mot juste un mouvement du visage et tu le comprends et il te comprend parce que les cœurs sont très proches. »

Parlons maintenant de la tristesse.

La tristesse

Pour la tristesse voici ce passage d'André de Comte-Sponville ; il nous dit :

« Nous avons besoin de nous asseoir avec la tristesse [...] Viens là assieds-toi ; il faut que l'on parle ; raconte-moi ce que tu as à me dire. J'ai besoin de t'écouter sinon tu me plombes; j'ai besoin de connaître ton message alors qu'est-ce qui se passe. J'ai oublié de prendre le bon chemin je me suis trompé de chemin je ne suis plus sur le bon chemin ? Je vais écouter les messages ; les sentiments sont comme des clignotants sur un tableau de bord qui vont nous renseigner sur notre état. Les sentiments désagréables comme la tristesse, la colère sont des sentiments qui ne sont pas nourris, peut-être que j'ai besoin de patience ou d'acceptation ; d'accepter ce qui se passe sur lequel je n'ai pas de pouvoir. Prendre deux minutes pour trouver la raison et travailler dessus. Il faut éviter d'être la victime et prendre le pouvoir sur soi-même et sur ses émotions. »

Ce texte est intéressant car il montre qu'il faut à nouveau écouter son corps mais aussi son esprit et savoir leur parler.

J'ai en effet personnellement remarqué que lorsqu'il y avait en nous quelque chose qui nous dérangeait intérieurement (qui créait en nous comme une boule au ventre), il fallait prendre quelques minutes pour se poser et analyser la raison du problème. Se parler à soi-même. Et souvent on trouve la raison qui s'est ancrée dans notre inconscient et discrètement ronge nos pensées et le but est de l'identifier et la faire disparaître ou la comprendre et positiver la chose.

Pour continuer sur les émotions j'aimerais citer Astrid Deballon avec l'idée du fitness neuro-émotionnel.

Je parlerais plus loin du travail comme un « muscle ». Eh bien, Astrid Deballon dit la même chose sur la gestion de ses émotions. Il faut « **muscler ses émotions** » par un fitness mental positif. Comment fait-on ? Elle nous dit :

« Crée-toi des moments de joie, si tu n'y arrives pas alors va dans ton passé. Tu peux même faire des listes de moments de joie et ressens-les et réactive cette joie et cela tous les jours. »

Elle précise un autre point très important pour elle. Voici ce qu'elle dit :

« Tes émotions c'est ton âme qui te parle. Tu sais on parle d'états d'âme. Donc si tu veux être connecté à ton âme, à ton corps, à ton cœur, ta tête ne suffit pas. Tu as 5 % de connexions entre ton mental et ton subconscient et 95 % de connexions entre ton corps et ton subconscient. Qu'est-ce qui gouverne ? C'est ton subconscient. Donc si tu actives dans ton corps des émotions de joie, des émotions positives, là tu vas changer ta vie par contre si ce n'est que la pensée positive il ne va pas se passer grand-chose. »

Je finirai par cette dernière idée sur la gestion des émotions à ne pas négliger car beaucoup disent que c'est une vraie clé du bonheur. Malheureusement l'ego ou pire le narcissisme de plus en plus présent détruit nos relations et notre communication. Nous passons en effet plus de temps à communiquer sur nous qu'à nous intéresser aux autres ou aux choses. Souvent les réseaux sociaux sont une compétition de celui qui aura passé la plus belle journée !!! On reparlera d'ailleurs de cette idée plus loin. Voici le texte :

(Source de Davy Lheureux **« Apprendre à maîtriser cette compétence et tu auras plus de chance d'être heureux »**).

« L'art d'en avoir rien à foutre ; c'est l'art d'avoir cette capacité de savoir à quel moment il y a une implication émotionnelle qui n'a pas lieu d'être et en fait de te dire je me refuse à mettre de l'émotion à cet endroit et j'accepte d'en avoir rien à foutre. Par exemple, la personne que tu appelles pour avoir un projet de collaboration va te dire rappelle-moi je n'ai pas le temps. On peut mal le vivre car on se dit qu'il n'en a rien à foutre de moi. On s'invente des scénarios. Je ne l'intéresse pas ; ce n'est pas du niveau. On surréagit. On génère des histoires à la place de l'autre. L'art de n'en avoir rien à foutre, c'est un art de ne pas mettre de la surinterprétation là où il n'y a pas de raison d'en mettre. Il y a là un sujet avec un hypersensible. Il va transformer une émotion en une situation anxiogène. Dans le coaching c'est là où c'est intéressant en lui faisant aborder cette notion du rien à foutre car on met trop de sérieux dans notre vie. »

J'ai connu cette situation et il vrai qu'avec l'âge, on arrive à mieux maîtriser les choses. Mais si on peut le faire comprendre quand on n'est pas trop vieux alors c'est que mieux et c'est un peu l'idée de tous les conseils prodigués dans ce livre. Profitez-en. Ne vous prenez pas la tête inutilement. On a souvent tous stressé très fortement pour des situations comme si c'était la fin de notre vie et puis 6 mois plus tard quand on y repense on s'aperçoit que notre réaction était vraiment excessive.

Sinon ce passage sur « l'art d'en avoir rien à foutre » me fait aussi penser à l'idée du « qu'en-dira-t-on ». Bravo à ceux qui s'affranchissent de cette idée et qui arrivent à être libres.

L'importance de cette notion de liberté. C'est l'idée d'un livre co-écrit par (Pierre Francechi, Andréa Marcolongo et Loïc Finaz) qui s'appelle « le goût du risque » et qui nous propose d'arriver à la liberté. Ce chemin à faire entre sécurité et liberté. La recherche de sécurité étant l'ennemie de la liberté.

À ce sujet j'ai l'exemple d'un ami très proche qui a atteint la sécurité (celle que je qualifie de financière). S'il a envie de partir suivre la migration des hirondelles et de les photographier (parfait pour être dans l'instant présent) il peut le faire sans aucun problème. Par chance il adore son métier mais il est toujours dans le stress, l'énervement, l'impatience. Il est toujours en train de se battre avec ses émotions. Il pourrait pourtant éviter d'infliger du mal à son corps et mieux gérer son homéostasie. Eh bien non, et en plus il le sait quand il me dit « *il m'a tellement énervé que j'ai perdu 2 ans de ma vie* !!! » Quel dommage. Il pourrait avoir la liberté qu'il veut mais il est encore envahi de contrariétés qui lui tombent dessus car il reste cantonné dans ce monde dont il a fait le tour et qu'il connaît si bien. Pourquoi n'explore-t-il pas d'autres domaines ? Est-il toujours heureux dans son métier ? Je ne sais pas. Faut-il toujours avoir plus ? Le fait-il par rapport à la société, à ce moule qui l'emprisonne !!! Personnellement j'adorerais accéder à cette liberté même sans sécurité.

Y arriver sans sécurité est une vraie force de caractère que pour l'instant je n'ai pas mais je ne désespère pas. Attention liberté ne veut pas dire rien faire. Ce n'est SURTOUT pas cette idée mais d'avoir la liberté de prendre la route que l'on veut.

Nous verrons d'ailleurs plus loin un passage sur des gens qui osent changer de vie. C'est un peu cette idée. Arriver à sortir de ce moule sociétal que l'on nous a imposé ou plutôt et surtout que l'on s'impose.

On en revient à la perte d'esprit créatif et de l'idée de compétition qui nous a été inculquée dès le plus jeune âge qui nous pousse à vivre dans un système établi. Et pourtant qu'il est agréable quelquefois de sortir de cette route tracée ; un peu de folie et la vie s'éclaire.

Ma mère est tombée malade à 27 ans. Elle est décédée à 30 ans. C'est ce que j'appelle la loterie de la vie. C'est sans doute une des raisons qui me poussent à profiter au maximum de mon passage sur cette terre avec les moyens que j'ai car je ne sais pas le temps qui m'a été donné ???? Cette idée du « temps » si importante sera abordée dans le prochain chapitre. C'est quand même étonnant que la plupart des gens ne comprennent pas ceux qui veulent avoir une vie un peu décalée ou simplement se donner le droit de sortir du « moule ». Cela est de suite mal vu !!! Mais pourquoi ne pas profiter de la vie quand on le peut et surtout si on le peut !!!

Mon conseil est donc de profiter en étant au maximum dans l'instant présent. (Qui donne comme je vous l'ai dit la deuxième lettre de mon ACRONYME.) Jouir de la vie dans l'instant présent mais sans oublier aussi l'idée de compassion comme je l'ai déjà évoqué et qui est aussi très important pour son bien-être. On ne peut pas être heureux si les gens autour ne le sont pas. Il faut donc faire sa part « compassionnelle » (c'est l'idée de l'histoire du colibri qui fait sa « part ») . Cela fait du bien aux autres et cela nous fait du bien aussi. Du bien aussi de se sentir utile. Redistribuer la chance que l'on a eue.

Pour cette notion « d'instant présent » j'avais vu un passage sur les réseaux sociaux qui disait qu'il fallait réapprendre à vivre comme un enfant. L'enfant sait lui vivre dans le présent, plus précisément dans l'instant...

« L'instant présent est le seul moment qui existe vraiment. »

On ne sait plus apprécier le présent et surtout y être attentif. Aujourd'hui dès que l'on a un moment de bonheur ou de plaisir la première action ou réaction est de le faire partager et vous savez comment, souvent par son téléphone qui n'est jamais bien loin et par cette simple action de vouloir le partager on est déjà passé dans le futur !!! On ne prend plus le temps de profiter du moment présent. Quel dommage.

Sylvain Tesson qui sera souvent cité a cette force, cette intelligence d'être au maximum dans l'instant présent en refusant notamment d'avoir un téléphone portable sans doute pour mieux apprivoiser la notion de temporalité (une phrase dit fort justement ceci :« Quand le téléphone était attaché avec un fil, les humains étaient plus libres »). Par son talent de l'écriture et aussi par sa popularité, Sylvain Tesson sait aussi qu'il aura l'occasion dans son futur de faire partager les bons moments qu'il aura eus. Il n'est donc pas dans l'immédiateté. Il peut pleinement profiter de cet instant présent qui m'est si cher.

Je comprends aussi la passion qu'il a pour l'alpinisme qui est une activité ou une discipline (le mot de discipline est dans ce cas bien choisi) qui demande d'être à 100 % dans l'instant présent. Au risque de perdre la vie.

Quelle belle activité. Un pur plaisir. En plus de cela, il y a une pointe d'adrénaline et la beauté des paysages. C'est une activité que j'aurais adoré pratiquer mais en raison du vertige j'en suis incapable.

Je vous conseille d'ailleurs de regarder sur Internet la vidéo d'Alex Honnold qui monte en free solo (sans sécurité) El Capitan. C'est fantastique. Cela dit, est-ce que cette dose d'adrénaline n'enlève pas une partie du bonheur ? C'est un débat. Il modifie en tout cas l'état du bonheur en une autre source plus dangereuse. On pourrait alors dire :

« Les folies sont les seules choses que l'on ne regrette pas. »

Encore faut-il que cela se termine bien. Je vais réciter cette phrase de Henry de Montherlant que l'on a tous testée et qui nous fait dire qu'il est bon de sortir un peu de la norme. Voici la phrase :

« Une petite flamme de folie, si on savait comme la vie s'en éclaire ! »

Osons. Ne faisons pas de notre vie une pâle copie de celle des autres. La place est déjà prise. Sans perdre nos valeurs par exemple de respect ou tolérance qui sont le fruit de notre éducation nous devons résister à ce carcan sociétal et continuer à avoir au maximum un esprit d'« enfant ».

Je reconnais que je répète et répète à nouveau quelquefois des idées ou des citations dans ce livre mais elles sont un vrai moteur à nos pensées et à la vie et cela ne peut que faire du bien de les relire et relire.

Passons à un nouveau chapitre lui aussi important que je vois comme un stimulant car chaque seconde de passée ne se rattrape jamais. Il faut donc en profiter.

Je veux parler de la branche « Temps » de notre arbre de vie.

LE TEMPS

« Parce que la vie est brève, il faut la dévorer avec appétit
Si nous ne mourions pas, la vie n'aurait pas de valeur
La beauté de notre existence tient dans son caractère
éphémère
C'est parce que la vie s'arrête qu'il faut la dévorer
La mort c'est l'aphrodisiaque de la vie »

disait Sylvain Tesson.

Le temps nous montre par notre mortalité l'importance de vivre à 100 % et la valeur de la vie.

C'est pour cela que la lettre T est la troisième lettre de mon ACRONYME.

Il faut à tout instant réaliser que le temps avance, qu'il ne s'arrête jamais et que l'on ne peut jamais le rattraper.

Voici une réponse à l'importance du temps, trouvée sur Internet.

Quand on demande quelle est la plus grosse erreur que nous faisons dans la vie ; le bouddha répond :

« Tu penses que tu as le temps. Le temps est gratuit mais n'a pas de prix. Tu ne peux pas le posséder mais tu peux l'utiliser. Tu ne peux pas le garder mais tu peux le dépenser. Quand c'est perdu tu ne peux pas le récupérer. »

C'est pour cela qu'il faut profiter de la vie le plus possible.

J'avais trouvé 2 conseils intéressants dans mes sources internet. Voici le premier :

« Arrêtez d'avoir peur de dépenser de l'argent. Tu es sorti et as dépensé 100 euros et alors ? Tu as eu du plaisir avec tes amis. Tu as dépensé 1000 dollars dans un voyage et alors ? Notre temps sur la planète est un don. Tu peux toujours récupérer de l'argent mais tu ne peux jamais récupérer du temps. »

Le deuxième est celui-ci :

« L'interviewer dit :

— *Si je vous donne à tous les deux, un million cash comment vous vous sentirez ?*

Les personnes répondent :

— *Très reconnaissant.*

— *Vous seriez certainement dans une bonne humeur pendant un temps.*

— *Absolument.*

— *À côté de cela si je vous dis ce n'est plus 1 million mais 10 millions mais vous ne pourrez pas demain vous réveiller. Est-ce que vous les prendriez ?*

— *Absolument pas.* »

Donc le fait de pouvoir se réveiller demain matin vaut plus que 10 millions. Il faut donc penser à chaque fois que vous vous réveillez à la valeur de pouvoir vous réveiller » conclut -il.

Il y a aussi cette histoire de Ian Pratt intitulée « **So often we go through our lives in a hurry** ».

« Imagine que tu es à la toute fin de ta vie. Tu sais que tu seras parti dans très peu de temps. Toutes les opportunités ont disparu, la seule perspective est de mourir. Tu ne verras plus de coucher de soleil, de chaleur sur ta peau, de sourire de tes enfants, tu ne danseras plus avec ta femme. C'est le dernier jour de ta vie, dans cette chambre un ange apparaît et t'offre la chance de redevenir jeune dans la vie. Tu ouvres les yeux et tu es de retour dans un corps jeune. C'est maintenant. Est-ce que cela change ton attitude par rapport aux choses dont tu te souciais ? Est-ce que l'anxiété pour le futur aura disparu ? Comment te sentiras-tu par rapport à tes enfants qui t'interrompaient ou ta femme qui te demandait un service ? Imagine que c'est le dernier jour de ta vie et comment tu te comporterais. »

Je trouve que ce texte est intéressant car on ne se rend pas assez compte qu'il faut voir la vie comme un « cadeau ». Et encore une fois j'ai envie de vous dire et je le répéterai encore au cours de ce livre d'annoter, surligner les passages qui « sonnent » en vous. Ce livre est une « boîte à outils » dont la marque des outils est « positivité ». Il faut grâce à une discipline apprendre à les utiliser et les réutiliser.

Pour continuer sur l'idée du texte ci-dessus ; on peut aussi parler des « cercueils thérapies » qui est l'idée de vivre son propre enterrement. Ce rituel, très en vogue en Corée, est d'ailleurs le sujet d'un roman de David Foenkinos. Pratique pour revenir plus fort dans la vie en provoquant un choc émotionnel et se rendre compte qu'il faut profiter de notre TEMPS dont on ne connaît pas la durée et qui est différent pour chacun. La vie peut s'arrêter demain. N'hésitez pas d'ailleurs à relire en introduction à ce chapitre les mots de Sylvain Tesson. Pensez à l'idée de temporalité.

Autre exemple similaire celui apporté par Thomas d' Ansembourg.

« Faut-il frôler la perte de la vie pour mesurer quel trésor c'est ?. Faut-il perdre tout ou partie de la santé pour mesurer quel trésor c'est ?. Faut-il un jour avoir mal au corps pour mesurer quel trésor c'était de n'avoir mal nulle part ?. Et c'est à cette conscience que je vous invite : de rester imprégné de la chance que nous avons quelle que soit notre situation. **De regarder ce qui va plutôt que ce qui ne va pas.** Et ce que j'observe c'est que si je vis dans cette intensité chaque seconde a son goût et donc je goûte chaque seconde. Inversement si je ne trouve pas cette intensité et que je ne sens pas mon corps, je ne sens pas que j'existe, je ne sens pas que je vis. Je cherche désespérément quelque chose qui va me donner l'impression d'exister et je me précipite vers la chose suivante. Si je ne suis pas dans l'instant, je suis en train d'attendre que la minute suivante soit plus vivante que la minute présente au lieu d'être complètement présent à ce qui est là et de goûter l'intensité de la vie de telle sorte que chaque seconde soit une occasion de me sentir bien vivant et je ne précipite pas vers ce qui va venir, j'y vais tranquillement et je vous en parle comme quelqu'un qui a souvent couru trop vite. »

On voit là une belle réflexion sur le rapport au « temps » et toute l'importance encore une fois de l'instant présent. Continuons avec cette citation de Randy Komisar :

« Et puis il y a le risque le plus dangereux de tous les risques qui est de passer votre vie à ne pas faire ce que vous voulez, sur le pari que vous pouvez vous offrir la liberté de le faire plus tard. »

Dans cette idée de temps où l'on dit que celui-ci n'est pas un « lit pour dormir ». On l'a bien compris avec les propos ci-dessus. Je voulais continuer avec cette réflexion de Cyril Dion intitulée

« Résistance poétique ». Voici ce qu'il disait lors d'une émission de télévision :

« Si vous regardez vos écrans pendant 8 heures et malheureusement cela devient le cas (ordinateur, smartphone et télé) vous allez passer 27 ans de votre vie derrière un écran. Si vous passez 8 heures à dormir vous allez passer 27 ans de votre vie à dormir. Cela fait en tout 54 ans. Cela veut dire qu'il reste combien de temps pour le reste ? Il reste combien de temps pour vivre des relations extraordinaires. Faire l'amour, lire la poésie, marcher dans la nature et pour moi ce monde moderne qui fait une espèce de chantage au salaire nous a enfermés dans un système où il faut gagner sa vie. Cela nous a détournés du sens de l'existence. La poésie, l'art, la musique, la peinture, le cinéma ont le pouvoir de nous reconnecter à cet élan vital. Qu'est-ce qu'on fait sur cette planète seulement la croissance économique et faire de la compétitivité ? »

Bien entendu j'adhère à ces propos. Ils « sonnent » en moi. Eh oui, on en revient à cette idée du système sociétal, ce moule qui s'empare de nous. De l'idée de compétitivité. On doit avoir la force de caractère d'être soi-même, de faire autant qu'on le peut sa propre route avec ses propres choix. C'est une des idées qui va être bien entendu abordée tout au long de ce livre.

On a donc vu cette importance du temps qui passe et ne se rattrape jamais avec son caractère irréversible. Chaque moment perdu est une opportunité manquée, donc il est essentiel de l'utiliser judicieusement pour réaliser nos objectifs, cultiver des relations significatives et vivre une vie épanouissante. Ne pas l'oublier car cette idée de temps ramène forcément à notre idée de mortalité. C'est pour cela qu'un écrivain que j'apprécie et cité plus haut porte une bague avec une tête de mort. Pour se le rappeler. Moi cela sera plutôt un T pour « Temps » à mon ACRONYME.

Puisque le temps nous est compté il faut agir. Passons donc à la troisième branche de notre arbre de vie qui est l'action, mais avant cela je vous laisse prendre connaissance de ce travail de Carl Sagan qui a ramené l'histoire de l'Univers sur une année. On va voir que nous ne sommes vraiment pas grand-chose. Cela donne une perspective sur la chronologie des événements majeurs de l'histoire de la Terre et de l'humanité en les comparant à une année civile.

La thèse de l'astrophysicien Carl Sagan (1934-1996), souvent appelée « l'horloge cosmique », condense l'histoire de l'Univers sur une échelle d'un an pour mettre en perspective l'évolution de notre espèce. Sur cette échelle, les événements clés de l'histoire humaine, tels que l'apparition de l'agriculture et des civilisations, se produisent seulement dans les dernières secondes du 31 décembre, soulignant ainsi notre récente émergence dans le contexte de l'histoire de l'Univers.

La durée réelle de cette année condensée est de 13,8 milliards d'années puisque c'est l'âge de l'Univers. Chacun des jours du calendrier représente 37,8 millions d'années, chaque heure 1,6 million d'années, chaque minute 26 millénaires et chaque seconde 438 ans.

Vous comprendrez donc que si une seconde correspond à 438 ans, toute l'histoire de l'humanité que nous connaissons apparaît dans les dernières secondes de l'année cosmique.

Les dix dernières secondes sont dix secondes qui recouvrent l'essentiel de ce que l'homme appelle « Histoire » et qui, ramenées sur une année entière, donnent la mesure de notre place minuscule dans l'Univers.

Cela montre aussi nombre d'espèces qui ont disparu et que si nous continuons ainsi nous allons nous aussi disparaître. Nous ne sommes rien sur l'échelle cosmique. Vraiment rien.

Il y aura d'ailleurs en conclusion de la partie « culture générale » trois thèmes que je voulais absolument aborder (cela dit très brièvement) qui sont la démographie, l'écologie sous-entendu le climat et enfin l'intelligence artificielle car ce sont trois composantes qui vont influer énormément sur nous et notre existence future. Voire notre disparition.

Chronologie sur une année. La seconde représentant 438 ans !!!!

Janvier à novembre

1er janvier : Big Bang.

1er mai : formation de la Voie lactée.

31 août : formation du Soleil.

9 septembre : formation du système solaire.

14 septembre : formation de la Terre.

25 septembre : origines de la vie sur Terre.

2 octobre : formation des plus vieilles roches connues sur Terre.

9 octobre : fossilisation des plus vieux organismes vivants.

1er novembre : apparition du sexe dans les microorganismes.

12 novembre : premières cellules de type eucaryote (à noyau).

Décembre

106

1er : formation d'une atmosphère terrestre dotée de dioxygène.

15 : explosion du Cambrien.

17 : premiers invertébrés.

18 : plancton océanique et trilobite.

19 : poissons et premiers vertébrés.

20 : premières plantes sur la terre ferme.

21 : envahissement de la terre ferme par les plantes, au Silurien.

22 : premiers amphibiens et insectes volants.

23 : premiers arbres et reptiles.

25 : apparition des dinosaures.

26 : premiers mammifères.

27 : premiers oiseaux.

28 : début du Crétacé.

30 : fin du Crétacé, disparition des dinosaures.

31 décembre

12h : apparition des cétacés et des primates.

18h : apparition des mammifères géants.

21h : apparition de l'australopithèque.

23h56 : apparition de l'Homo sapiens, l'homme moderne.

23h58 : apparition de l'homme de Cro-Magnon.

31 décembre à 23h59

35s : invention de l'agriculture.

51s : invention de l'alphabet.

53s : naissance de Moïse.

55s : naissance du Bouddha.

56s : naissance de Jésus de Nazareth.

57s : naissance de Mahomet.

58s : croisades.

59s : période de la Renaissance.

Ainsi voici le temps ramené sur une année cosmique. N'est-ce pas incroyable de le résumer ainsi ?

Enfin dernière idée sur le temps : il paraît si cartésien est pourtant si énigmatique. On connaît tous la phrase célèbre de saint Augustin : « Qu'est-ce donc que le temps ? [...] Si personne ne me le demande, je sais. Si je veux l'expliquer à celui qui me le demande, je ne sais plus. »

Je finirai cette partie par quelques phrases prises à Bruno Angles qui a écrit un livre sur le temps (De Temps en temps) :

> **« S'occuper de son temps pour pouvoir l'occuper (et avant qu'il ne s'occupe de vous) [...] C'est se donner les moyens d'être libre. Libre au point de perdre son temps [...] Mais on ne perd que ce que l'on possède ; et pour posséder le temps, autant que possible il faut s'en préoccuper. »**

L'importance de s'en préoccuper, d'où la lettre T à mon ACRONYME.

Passons maintenant à une nouvelle branche de notre arbre qui est l'action.

L'ACTION

« *Nous sommes principalement affectés par cinq choses.*

Nous sommes premièrement affectés par l'environnement dans lequel nous vivons, le lieu de vie, le trafic, la météo.

Deuxièmement, nous sommes affectés par les événements qui nous arrivent, les événements personnels, les événements communautaires, les événements nationaux et internationaux.

Troisièmement, nous sommes affectés par la connaissance. Par tout ce que vous avez appris jusqu'à présent, les livres que vous lisez, l'expérience que vous avez acquise, ce que vous accumulez dans votre vie.

Ensuite, nous sommes affectés par les résultats, quels que soient les résultats, les réalisations ou les échecs du passé. Cinquièmement, nous sommes affectés par notre vision de l'avenir.

Sur toutes ces cinq choses que j'ai mentionnées :

Assurez-vous que la plus grande influence sur votre vie est celle de l'avenir.

Assurez-vous que le futur exerce une grande influence sur vous.

À mon avis, voici la meilleure façon de vivre la bonne vie »

disait Jim Rohn (entrepreneur américain et écrivain).

Autre citation sur l'avenir :

« *Le futur ce n'est pas ce qui va arriver*

mais ce que nous allons en faire* »

Henri Bergson

Je pense que tout le monde reconnaîtra la beauté de cette citation. Je préfère vous prévenir à l'avance. Il va y avoir à nouveau une avalanche de citations qui ramènent souvent à la même idée sur la notion d'action mais les petites différences ont souvent leur importance.

« *Une vie est faite de détails,*

mais un détail peut changer une vie.* »

Nous allons découper ce chapitre en trois sous chapitres

1) L'importance de l'action.

2) Comment se mettre et rester en action.

3) Action associée à des projets et des objectifs.

1) L'importance de l'action

« *Les possibilités sont infinies. Dès lors qu'on décide d'agir et*

non plus de réagir.* »

Première précision à la vue de l'importance de ce chapitre et vous l'aurez compris : le A d'action fait bien évidemment partie de mon ACRONYME. C'est donc la quatrième lettre.

Dans le chapitre précédent nous avons pris conscience que « le temps n'a pas de prix ». Il ne se rattrape pas. Il faut donc dévorer la vie avec appétit. Cette idée doit être un facteur qui nous pousse à agir.

« Le mouvement est principe de toute vie »

disait Léonard de Vinci.

L'individu ne doit pas rester immobile. Le principe de la vie est de bouger et aussi de créer.

« Le bonheur n'est ni dans l'avoir ni dans l'être : il est dans le faire. »

« Nous sommes nés pour agir », écrivait Montaigne.

Cela suggère que le bonheur ne se trouve ni dans la possession de choses matérielles (l'avoir) ni dans une certaine condition ou identité (l'être), mais plutôt dans les actions que l'on accomplit, dans ce que l'on fait de notre vie. En d'autres termes, le bonheur réside dans les expériences que l'on crée et les réalisations que l'on accomplit par nos actions.

J'émets toutefois sur cette idée qui va être développée plus bas une précision qui est le fait de « faire » avec une notion de plaisir. J'oublie donc l'option du « faire » sous contrainte comme un travail répétitif et harassant. Je suis dans l'idée de l'action créative avec aussi l'importance d'avoir un but (que nous verrons dans la troisième sous-partie).

Je préciserai aussi plus loin que je ne prône pas pour une suractivité mais pour une action qui nous rend heureux et alimente notre besoin d'estime de soi.

À ce sujet voici un passage de Frédéric Lopez sur l'idée de « l'estime de soi » que je trouve intéressante car elle parle notamment d'« action ».

Il nous dit :

« Il y a 3 composantes importantes dans l'estime de soi. Ce que j'appellerai un cocktail « d'estime de soi ».

Il y a un premier tiers qui est la partie qui dépend de tes actions. Faire des choses qui marchent. Réussir un bricolage, faire pousser des tomates ou faire rire les copains... ou être bon dans un sport.

Il y a un deuxième tiers qui est le sentiment d'être apprécié par les autres. Celui-ci est aussi capital. Certains chercheurs disent que c'est sa nourriture principale.

La troisième partie, c'est l'acceptation inconditionnelle de soi. Se dire, quoi que je fasse même si j'échoue, j'ai quand même de la valeur. Je dois me respecter. Ce sont ces 3 composantes dont on a besoin. »

Je trouve personnellement ce « cocktail » très instructif et à retenir.

Pour continuer sur cette idée de « faire » et d'« action », il y aura aussi à la fin de ce livre un passage de Thomas d' Ansembourg qui parle des différentes notions du besoin de « faire ». Il expliquera qu'il y a comme un espace mouvant entre le besoin de faire pour soi-même et le besoin de faire en rapport aux autres. On agit par rapport aux autres et non pour soi. On en revient à la société compétitive, trop compétitive qui formate les caractères et qui pousse l'individu à un besoin de reconnaissance (pourtant nécessaire) trop excessif.

« Je cours de choses à faire en choses à faire. Ça m'épuise, ça m'épuise. Je n'ai plus jamais le temps d'"être" [...] Et bien le "faire" a été très valorisé et l'"être" pas !!! [...] » Il en conclut : « Ce n'était tant pas mon bien-être que je cherchais que le

regard de l'autre [...] Nous craignons de ne pas être reconnus, de ne pas être aimés, de ne pas avoir notre place [...] que qui nous sommes ne soit pas admiré. »

Nous allons donc naviguer entre le bonheur de faire pour soi et celui qui nous pousse à faire en raison de l'influence de la société. Ce que j'appellerai le besoin d'exister socialement. Ce besoin d'exister socialement qui se traduit très largement en cas de réussite par une action qui mène vers une réussite professionnelle. L'important est de toute façon de « faire » avec une idée d'objectif voire de projets. Sans oublier de valoriser son « être ».

On va donc tirer des bords entre les deux idées pour trouver le bonheur ou la quête du bonheur. C'est d'ailleurs l'idée de Charles Pépin entre le « bonheur d'être » et la « quête du bonheur ». Voici ce qu'il nous dit :

*« On dit souvent le bonheur c'est savoir se contenter de ce que l'on a. C'est une certaine idée du bonheur mais moi je milite pour une autre idée du bonheur qui est plus **sa quête**. Au fond c'est aussi Brel qui chantait cette quête [...] l'inaccessible étoile. Je pense que ce qui nous rend heureux c'est d'aspirer à ce que l'on n'a pas. Ce qui nous rend heureux, **c'est d'aspirer à plus** ; c'est d'être plus créatif, plus joyeux, plus spirituel, plus amoureux. Je pense que l'on pourrait dire qu'il y a deux grands types de joie humaine. La joie d'être et la joie de la quête. Il y a une joie d'être vivant et il y a cette joie d'aspirer à plus et on peut aller de l'une à l'autre. »*

Je trouve cette vision très intéressante. Elle sera aussi abordée en fin de livre en conclusion. On pourrait y associer l'idée du désir (plutôt celle de Spinoza que celle de Schopenhauer). Cela me fait penser aussi à l'idée de Laurent Gounelle qui écrivait dans « L'homme qui voulait être heureux » ceci :

« Mes rêves de jouets me rendaient finalement plus heureux que les jouets eux-mêmes. L'attente est plus jouissive que le dénouement. »

N'est-ce pas un peu vrai car à l'extrême si on peut tout avoir où est le manque et donc le désir ?

Continuons donc dans le bonheur de faire un instant pour basculer ensuite dans celui d'exister.

Brel disait : « ***Le talent c'est d'avoir envie de faire quelque chose et ce n'est que cela***. » Et j'ai envie de rajouter et que quand c'est possible celui-ci soit unique et créatif. Par exemple, j'ai vu récemment à la télévision un reportage sur un tour operator qui avait organisé un voyage en Tanzanie. J'en parle car l'intérêt est qu'ils avaient en plus du voyage en lui-même créé une histoire autour qui a rendu le voyage unique. Déjà ils avaient réuni des binômes qui ne se connaissaient pas (on pourrait être là sur la « branche » relations humaines ; chapitre que nous verrons plus loin) puis ils avaient fait déplacer les binômes en tuk-tuk (côté ludique et aventurier) puis pendant le voyage ils avaient surtout demandé chaque jour aux participants un objectif comme faire une photo spéciale ou rapporter quelque chose d'un endroit précis et même se substituer à un commerçant pour vendre quelque chose.

Ce côté créatif avec un objectif amenant de l'adrénaline et aussi un côté ludique, nous faisant sortir de nos habitudes et de notre zone de confort, fait forcément bouger nombre des feuilles de notre arbre de vie. Cette idée de voyage scénarisé était comme une brise qui faisait bouger et vivre notre arbre de vie en mettant en éveil beaucoup de nos « qualités » et aussi de nos « émotions ». Aussi à la fin du voyage les participants étaient tous conquis. Et l'on peut dire à nouveau : une petite flamme (de créativité) et comme la vie s'éclaire.

Il faut donc agir pour construire des actions qui mènent au bonheur de « faire ». Une des trois composantes à l'estime de soi selon Frédéric Lopez. Et plus elles sont créatives et sortent de notre moule sociétal et plus elles sont uniques et inspirantes. Arriver comme je l'ai déjà dit à avoir sa propre personnalité et non la copie d'un autre. Un autre exemple plus simple à réaliser et donc à la portée de tous. J'ai un ami qui un jour avait décidé d'organiser sur les hauteurs de Cassis un apéritif éphémère dans un endroit magnifique qui se situe au sommet du cap Canaille. Vue féerique sur la mer et les calanques. Quelle bonne idée de construire ce moment de vie dans un lieu aussi exceptionnel ouvert à tous mais que personne ne pense à utiliser. Il y a donc dans cette action l'idée de création que nous avions vue en début de ce livre. Ne surtout pas perdre cette fibre créative. Et aussi une action unique et pourtant facile à réaliser. Sortir de ses habitudes. Se souvenir que l'action crée aussi le bonheur car il nous met dans l'instant présent.

En prenant un exemple personnel, quand je vais ramasser des oursins je suis à 100 % dans l'instant présent car je suis connecté à la recherche de cet animal marin muni de piquants. Quel bonheur après l'effort (notion que nous verrons aussi plus loin) d'en manger quelques-uns sur un rocher avec un verre de vin blanc accompagné d'amis.

Encore une fois je vais me répéter mais cette notion d'instant présent est vraiment capitale. Cette citation l'attestera :

« Le dépressif est dans le passé
L'anxieux dans le futur
Et celui heureux est dans le présent. »

Je pratique la chasse photo. Quelle belle activité où l'on est complètement dans l'instant présent sans donner la mort et en ayant quelquefois par les photos de très beaux souvenirs. Blaise Pascal disait d'ailleurs qu'on aime mieux la chasse que la prise car on est à 100 % dans l'instant présent et que la finalité de tuer est secondaire.

Il faut donc se « pousser à faire ». Et pour reprendre une expression connue « remplir son temps ». Créer et avoir des projets et objectifs (petits ou grands). Vous lirez un peu plus loin une citation très intéressante sur l'ordre à mettre dans la phrase entre action et motivation (citation à mémoriser comme un mantra). Mais pour commencer, j'ai envie de parler de ce besoin de faire avec l'exemple de Bernard Tapie. Nous basculons là complètement dans l'idée de « faire » en besoin d'exister (cela dit nous verrons à la toute fin ce livre une belle phrase de Bernard Tapie prononcée à la fin de sa vie qui sera, je l'espère, un bon résumé et une bonne conclusion. (Propos sans doute influencés par sa vie tumultueuse et ses problèmes de santé.)

Il y a donc des gens qui ont eu cette envie d'agir car comme la foudre, cela s'est abattu sur eux. Cela produit en eux un tel choc émotionnel que la personne n'aura pas ou peu besoin de technique ou conseils pour agir ; elle aura déjà franchi des étapes à vitesse grand V car cette envie d'agir s'ancre fortement en elle, dans son cerveau sans véritablement besoin de discipline ou de travailler sur la puissance de l'esprit. Ce choc émotionnel est tellement fort qu'il s'installe dans le cerveau pour toujours. C'est tellement ancré que cela donne une niaque incroyable à la personne. La **« niaque »** vient du gascon gnaca, qui signifie mordre. Cela désigne aujourd'hui l'envie et la volonté de réussir, la rage de vaincre, autrement dit, un état d'esprit combatif, motivé et compétitif.

C'est donc comme je vous l'ai dit plus haut, l'histoire de Bernard Tapie qui en parlait très bien dans une émission de télévision. Ce passage explique vraiment cette énergie qui lui a permis de vivre ses rêves et non pas de rêver de les vivre. Il disait en effet sur un plateau de télévision ceci :

« Les inégalités de l'argent ça représentait quelque chose d'insupportable mais à la limite je n'en étais pas malheureux figurez-vous car j'avais suffisamment d'affection avec mes parents pour ne pas envier la belle bagnole ou la télé que l'on n'avait pas mais il y a une chose qui elle me faisait souffrir ; c'est l'autorité du médecin devant mon père ; c'était l'autorité de l'ordre établi devant mon père qui ne parlait pas, le flic compris, il ne parlait pas à mon père comme au gars qui avait une belle bagnole et l'attitude de mon père face à cette autorité me faisait souffrir car je ne souffrais pas d'un manque d'argent mais je souffrais que l'on ne prenne pas mon père en considération et que l'on me prenne pour un rien du tout parce que je n'avais ni le savoir ni l'argent et ça cela m'emmerdait. Vous avez donc pris votre revanche ? lui dit le journaliste. Je n'ai pas pris ma revanche mais je me suis dit que cela ne sera pas comme ça pour toutes les générations qui viennent. Ce n'était pas une revanche.

Sur qui ? La société ? Elle est organisée comme cela. Ce n'est pas moi qui l'ai faite et c'est pas un régime particulier qui le fait c'est un constat. »

Il y a donc eu chez Bernard Tapie un déclic, une rage qui fait qu'il en voulait plus que les autres c'est cela que j'ai appelé plus haut la niaque.

Quand je pense en 2025 à quelqu'un qui a cette niaque il me vient à l'esprit l'image d'Anthony Bourbon. Il disait d'ailleurs dans une interview que sa chance a été de ne pas être né « bourgeois » et que grâce à cela il a eu cette niaque. Il se qualifie volontiers d'être un vrai « shark ». Ces propos sont un peu réducteurs car il y a aussi forcément des bourgeois avec de la niaque car justement ils sont dans un système sociétal où ils sont (dans leur esprit) obligés de réussir professionnellement. Il ne faut en effet pas décevoir l'entourage et le milieu dans lequel on évolue.

Il y a aussi cet autre exemple de Jacques Attali qui disait sur le plateau de Léa Salamé un jour : « Si nous sommes tous là autour de cette table, c'est que nous avons tous eu cette niaque d'être là. »

Cela dit la niaque est une part incontestable de la réussite (c'est un peu l'essence dans le moteur) mais il y a d'autres « qualités » que nous avons vues ou allons voir comme la discipline, le mental, le sens du contact […] et aussi mais plus compliqué à analyser l'« intelligence » qui aide à aller plus loin. Je pense que Jacques Attali faisait preuve d'une certaine modestie en oubliant que son cerveau tournait remarquablement bien. Cela aide.

Toutefois on pourrait s'attarder sur cette idée de « qualité » pour l'intelligence car il n'y a sans doute pas « une » intelligence mais « des » intelligences comme pour reprendre un terme utilisé plus haut. L'intelligence du « sens du contact » ou » des relations humaines ». On pourrait aussi dire que tout est travail et que chaque « qualité » peut se travailler mais il faut quand même admettre qu'il y a des cerveaux qui tournent mieux que d'autres... Les tests de QI le prouvent. D'où cela vient-il ? Y a-t-il une hérédité ? Car il est vrai que les enfants de grands professeurs sont souvent eux aussi brillants et « intelligents ». Il y a aussi sans doute l'éducation où le cerveau est très jeune mis en éveil. Il y a l'exemple de Mozart qui est tombé dans la marmite très jeune avec un père qui était musicien et excellent pédagogue. Mozart écrivait sa première symphonie à huit ans et se lançait à onze ans dans un premier opéra, en latin. Mais si je prends un autre exemple, celui de Michel Onfray qui a un cerveau qui tourne admirablement bien. Je pense que Michel Onfray a déjà une « qualité » qui est celle de la mémoire qui est un atout très important (je lisais ce matin dans le monde un article sur le chanteur Raphaël qui disait qu'il était hypermnésique). Michel Onfray doit avoir cette qualité mais il n'y a pas que cela. Retenir est une chose, comprendre en est une autre. Donc d'où vient sa sur-intelligence ? Ses parents n'étaient pas professeurs ; est-ce inné, héréditaire, il y a certainement du travail... En tout cas pourquoi y a-t-il des enfants surdoués ? Bref je ne sais pas vraiment mais ce que je sais c'est que l'on peut améliorer nos qualités, j'ai précisé celles qui me paraissaient essentielles dans mon arbre de vie. L'amélioration de ces

« qualités » est un peu le but de ce livre. Cela pour parcourir au mieux son chemin de vie.

Je parlerai aussi plus loin dans la partie « relations humaines et communication » d'un autre personnage assez sulfureux mais fascinant sur la nature humaine. Je parlerai de Christophe Rocancourt, « l'escroc des stars. » Qui avait cette niaque en raison notamment d'un début de vie compliqué mais qui avait aussi ce pouvoir sur les autres grâce à sa grande psychologie et donc un vrai sens du contact. Branche indispensable dans notre arbre de vie.

Nous avons donc vu que quelquefois certaines personnes ont été frappées par cette foudre d'« aller vers l'avant » ; ce que l'on a appelé la « niaque ».

Mais si ce n'est pas le cas, voici d'autres moyens d'entraîner son cerveau à être plus fort.

Je me répète ; pour moi la réussite ce n'est pas forcément par rapport aux autres (réussite sociale ou professionnelle) qui peut être vue comme une compétition même si c'est une notion fondamentale dans l'épanouissement de l'individu dans la société d'aujourd'hui. Je veux avant tout que les gens réussissent leur chemin de vie et au final être heureux. (Ce que d'ailleurs Tapie disait lors d'une interview et que nous verrons à la fin du livre **« Cherchez plutôt à réussir votre vie plutôt que de réussir dans la vie »** ; la nuance étant importante).

À ce propos, la fin du livre parlera par la voix d'Albert Jacquard (qui était tellement de choses et notamment, chercheur, biologiste, philosophe et essayiste français) de la remise en question de ce moteur trop présent qu'est la compétition, trop ancrée dans nos sociétés. Pour Albert Jacquard ce n'est « pas le seul moteur » !!! Cette compétition qui nous formate et nous fait perdre beaucoup de notre créativité (idée aussi de Pierre Rabhi plus loin qui parlera de « boîtes »).

Je parle donc à nouveau de cette réussite qui oscille entre le bien-être personnel et le besoin d'exister socialement.

Cela dit je me répète, l'important est avant tout de réussir son chemin et d'arroser au mieux son arbre de vie. N'oubliez pas qu'il y a deux personnes à rendre fières :

« Ce n'est ni ta mère ni ton père ni ta femme ou tes enfants c'est avant tout la version de toi à 8 ans et la version de toi à 80 ans. »

Cette réussite de vie est donc un peu le but de notre existence et pour moi une des bases de cette réussite de vie est dans l'action en ayant des projets et des objectifs, le fait d'entreprendre, de faire des choses, de créer, d'oser et de ne pas rester oisif. N'êtes-vous pas d'accord qu'il est bon d'avoir en tête des projets (même petits) ?

Vous avez compris que je ne parle pas forcément de suractivité, je parle de l'idée de profiter pleinement de la vie et de ne pas perdre son temps alors que la vie nous propose tellement de belles choses. Nous avons bien vu dans le chapitre précédent que le temps ne doit pas être un « lit pour dormir ». Nous avons la chance de vivre dans un superbe pays mais surtout dans une démocratie qui nous permet plein de choses. Il faut en profiter.

De même ces actions font partie de notre « cocktail » qui remplit notre estime de soi si important à notre bonheur.

Surtout si ces « actions sont réussies ». Voyons donc comment se mettre en action.

2) Comment se mettre et rester en action

Le chapitre temps nous a montré que nous n'étions que de passage et aussi que le temps ne se rattrapait jamais. Ne dit-on pas aussi que la plus coûteuse des dépenses c'est la perte de temps.

Je vais donc, par quelques citations que je trouve puissantes mais aussi des passages pris sur le net, donner des outils pour garder sa motivation et son envie de faire et donc de vivre. Comme je vous dis et je me répète n'hésitez pas à sauvegarder ou annoter les passages qui sonnent en vous.

Je commencerai donc par cette citation que je trouve très très (je le répète volontairement) puissante :

« Ce n'est pas la motivation qui crée l'action mais l'action qui crée la motivation. »

Un exemple tout bête de mon passé m'a fait dire que cette phrase était une évidence. Quand j'étais jeune mon père me disait quand ma chambre devenait trop bordélique de la ranger. J'étais au départ (comme beaucoup d'enfants) peu motivé mais c'est l'action (forcée) qui par la suite a créé à chaque fois ma motivation. En effet quand je commençais à me lancer dans ce rangement de chambre j'allais bien plus loin que ce que j'imaginais au début. J'y voyais une sorte de plaisir. Voire de challenge ou de compétition avec moi-même. L'idée qu'il en ressort est donc capitale : **on n'attend pas d'être motivé pour se mettre en action mais on se met en action pour trouver sa motivation.** Très souvent les gens pensent à inverser la position des deux notions : j'étais motivé donc j'ai fait cela. Oui cela peut fonctionner pour une tâche qui va dès le départ nous exciter mais lorsqu'il y a une idée de contrainte ou une mise en route plus difficile il faut absolument dans son esprit inverser les mots. Et cela marche.

Cette phrase est donc fondamentale. On pourrait parler de MANTRA. Si vous vous mettez en action, vous trouverez votre motivation. C'est fondamental.

Vous pouvez aussi vous mettre en action par ce petit travail mental (terme peu utilisé dans ce livre mais très souvent sous-entendu dans les différents exemples) grâce à la règle ci-dessous du 543210 et go.

Cette règle est expliquée par Mel Robbins : **« you will never feel ready to do things that scare you »**. Elle nous dit :

« Tu ne te sentiras jamais prêt à faire des choses qui t'effraient. Jamais prêt à faire ce saut. The « 5 seconds rule » est une technique pour t'aider. Si vous tergiversez constamment, vous pouvez utiliser la règle des 5 secondes pour vous pousser à agir. L'idée est de compter à l'envers 5 4 3 2 1 and move. C'est tout. C'est un rituel de départ. Le fait de compter à l'envers vous oblige à être focus. C'est une façon d'interrompre la sur-réflexion, la peur, l'anxiété et la procrastination. »

Elle ajoute :

> *« Là est le réel secret, le moment où tu as décidé de compter, c'est là où tu as pris ta décision de changer. »*

Toutes ces citations vont donc dans le sens de la positivité.

En voici une autre de Nelson Mandela. Il avait dit une fois :

« Je ne perds jamais. Soit je gagne. Soit j'apprends. »

Il y a aussi cette source Instagram qui parle d'une interview dans un show télévisé intitulé « David Susskind Show ». Il y avait quatre autodidactes millionnaires âgés d'environ 30 ans. Pendant la première partie on leur demande combien de business ils ont monté avant d'être millionnaires. Chacun fait un calcul et ils arrivaient en moyenne à 17. La question qui leur a été posée fut la suivante : « avez-vous échoué 16 fois avant de trouver le bon ? » La réponse de chacun a été de dire : « Nous n'avons pas échoué mais appris pour rendre le dix-septième possible. »

L'idée est donc d'apprendre de ses échecs. Et de rester positif et même enthousiaste.

Une autre idée importante est aussi de ne pas regretter.

« Si vous aviez un conseil à me donner avant que je parte.
Fais plein d'erreurs, ne les regrette pas, tires-en des leçons car les regrets sont plus lourds à porter en vieillissant. »

De même il y a ces phrases ci-dessous qui ramènent à la même idée :

« Si vous n'échouez pas c'est que vous n'avez même pas essayé.

Pour obtenir quelque chose que tu n'as jamais eu ; tu dois faire quelque chose que tu n'as jamais fait. »

Lee Brown un conférencier motivateur a fait une analogie à ce sujet.

« Imaginez que vous êtes sur votre lit de mort et que des fantômes se tiennent autour de votre lit et ces fantômes représentent votre potentiel non utilisé. Les fantômes des « idées » que vous n'avez jamais mises en œuvre. Les fantômes des « talents » que vous n'avez jamais utilisés [...] Ils se tiennent autour de votre lit, énervés, déçus et bouleversés. Ils disent nous sommes venus car tu aurais pu nous donner la vie mais maintenant nous devons aller dans la tombe ensemble. Alors je vous demande aujourd'hui :

Combien de fantômes seront autour de votre lit quand votre heure viendra ? »

Analysons aussi l'idée d'échec par ces citations :

> **« Si tu as essayé et échoué félicitations, la plupart des gens n'essayent même pas. »**

On en revient à l'exemple de Phil Helmuth vu plus tôt, champion du monde de poker.

> **« La vraie générosité envers l'avenir est de tout donner au présent »**

disait Camus.

Ou autre citation de Sir Winston Churchill :

> **« Le succès consiste à aller d'échecs en échecs sans perdre son enthousiasme. »**

On en revient à la puissance de l'esprit et à la force de son mental. Encore une fois certains diront qu'ils n'en sont pas capables, que c'est trop dur, mais même l'enthousiasme cela se travaille.

J'avais vu un reportage passionnant sur Arte sur l'histoire du Puy-du-Fou et de sa création. Qui aurait pu croire à une si belle réussite. Ce fut grâce à l'enthousiasme (la phrase de Churchill colle parfaitement à cet exemple) d'un homme qui un par un et sans un sou a su rassembler des hommes et donc une énergie dans son incroyable aventure. Je veux parler de Philippe de Villiers. Je vous conseille vivement de revoir ce reportage en deux parties sur Internet. C'est épatant. Vous verrez que même le jour de la première, il a subi un orage dantesque mais Philippe de Villiers a eu les « qualités » pour aller au bout de ce projet pharaonique.

Pour reprendre notre fil conducteur, je sais que toutes ces citations peuvent donner le tournis mais je ne cesserai de le répéter tout au long de ce livre : c'est à vous de sélectionner ce qui vous semble le plus pertinent. C'est à vous de vous faire votre petit livre ; à vous de retenir au mieux ce qui a sonné dans votre for intérieur.

On continue donc notre route de conseils et astuces par ce que nous dit Linda Huez :

« Si tu luttes pour commencer quelque chose de nouveau parce que tu as peur de ne pas être assez bon, écoute cette phrase :

Tu n'as pas besoin d'être super pour commencer mais tu as besoin de commencer pour être super. »

Il y a aussi cette autre phrase de Romain Rolland qui délivre aussi une vérité :

« Quand on ose on se trompe souvent. Quand on n'ose pas on se trompe tout le temps. »

Toutes ces citations donnent un sens au besoin d'action. Il faut donc ne pas hésiter à se lancer.

Rappelez-vous le passage sur la gestion des émotions et plus précisément sur la peur avec les conseils de Jeff Bezos ou de Muriel Ruzzante. Il faut encore une fois inverser sa pensée (comme pour la motivation). Ne pas attendre d'avoir confiance pour avancer mais avancer pour avoir confiance. Plus on fera et plus la confiance grandira. Et encore une fois (très bien de visualiser) le « lac de la peur » bien que très entendu et impressionnant pour certains, il n'était pas si profond !!! Donc ne pas hésiter à y poser un pied.

Je pense qu'avec tous les outils qui ont été sortis de la « boîte » depuis le début de ce livre avec aussi l'idée que vous venons de voir sur l'action et la motivation (avec notamment la règle inversée du 54321 go), on est prêt à AGIR.

Benjamin Franklin disait d'ailleurs au sujet de l'oisiveté :

L'oisiveté, comme la rouille détruit plus que n'use le travail...

Attention « agir » peut être simplement le fait de lire un livre. L'idée est d'être actif plutôt que passif.

Autre exemple : la méditation, elle est aussi une action. Je ne parle donc pas de suractivité.

On a parlé du besoin d'agir et cette action me pousse à parler d'un sous-thème qui est une obligation de nos sociétés. C'est même à la base de son fonctionnement. C'est la notion de travail.

Je commencerai par une très belle phrase sur le travail d'Yvon Gattaz qui était dans le temps président d'organisations patronales. Il disait, jugeant sans doute avec pertinence la société française trop assistée, que :

« *Tout travail mérite salaire mais tout salaire mérite travail.* »

Je trouve cette phrase tellement juste, redonnant d'ailleurs de la dignité au travail. Le travail dans nos sociétés est une obligation. On doit travailler pour pouvoir vivre. 99 % des gens ne sont pas des rentiers !!! On passe en moyenne 40 ans de notre existence à travailler.

En aparté sur l'idée de travail et donc les retraites je voulais évoquer ce passage (peut-être hors sujet) mais sur lequel on peut s'interroger concernant le rallongement de l'âge pour partir à la retraite voté dans notre pays il y a peu de temps. Voici donc ci-dessous le résumé de cet entretien de Clément Viktorovitch. Il disait :

« [...] à 62 ans un quart des Français les plus pauvres sont déjà morts, cela veut dire qu'ils auront cotisé parfois toute leur vie pour payer la retraite des autres qu'eux ne toucheront jamais. Quand on a cette donnée en tête peut-on considérer vraiment que l'allongement de la durée de cotisation soit le seul paramètre sur lequel jouer et voire même le plus juste ? »

Chiffre qui fait froid dans le dos pour parler de la France. Ne parlons même pas de l'âge moyen de l'espérance de vie dans d'autres pays considérés comme riches. Prenons l'exemple de la Russie. En Russie, l'espérance de vie est de 65,3 ans pour les hommes et 77,1 ans pour les femmes. Mais le gouvernement annonce une hausse de l'âge de la retraite à 65 ans pour les hommes, qui pourraient donc peu profiter de leurs « vieux jours ». Une pétition en ligne contre cette réforme, une première en près de 90 ans en Russie, recueillait plus de 1,5 million de signatures. Fixé en 1932 et jamais touché depuis, l'âge de départ à la retraite est parmi les plus bas du monde : 55 ans pour les femmes et 60 ans pour les hommes. Or, le gouvernement revient sur cet acquis de l'époque soviétique auquel les Russes restent très attachés. La réforme prévoit un relèvement progressif dès 2019 pour atteindre 65 ans pour les hommes en 2028 et 63 ans pour les femmes en 2034.

En France nous avons grâce à notre espérance de vie plus élevée la chance de pouvoir encore profiter de notre retraite mais comme vu plus haut pas tous et notamment les plus pauvres !!!!

Comme nous passons 40 ans de notre existence à travailler, il faut donc bien réfléchir à quel travail on souhaite faire car on est obligé de passer par là. Quelle chance pour ceux qui ont une envie. En effet, la jeunesse après le bac se cherche souvent et c'est plus que dommage. Parce que peut-être comme cela a été abordé avant, ils ont perdu leur sens créatif et ont du mal à trouver leur voie ? Ce sens créatif les aiderait à mieux se projeter. En tout cas, ne jamais oublier cette phrase :

« Si tu fais un métier qui te plaît tu n'auras pas l'impression de travailler un jour dans ta vie. »

J'en profite pour parler de mon père qui est un étonnant exemple. Il ne s'est jamais arrêté de travailler. Il a aujourd'hui 87 ans. Sa chance et sa force sont d'avoir choisi après le bac son propre chemin. Pourtant sa voie était normalement tracée dans l'affaire familiale qui était les assurances. Je lui dis bravo. Il a su sortir d'une zone de confort. Il a su sortir du moule familial. Sortir du système sociétal que l'on nous impose. Il a su prendre des risques. Être lui-même et construire le chemin de vie qu'il voulait. Cela montre sans doute une force de caractère. Il a bien eu raison. En plus il a réussi son pari en ayant une vie professionnelle très riche aux innombrables projets. Il a fait un métier qui lui a forcément plu puisqu'il l'avait choisi. Son choix fut d'être architecte. Un métier en plus créatif qui évite la routine et qui nécessite un sens du contact. Des notions importantes dans un chemin de vie. Notion que nous verrons plus loin. Encore une fois je lui dis bravo.

Pour conclure sur la chance de pouvoir trouver sa voie, cette phrase :

« L'ouvrage a toujours paru facile quand le travail est un plaisir. »

Je suis aussi fasciné par les gens qui un jour ont pris la décision de changer de vie car justement ils n'étaient pas bien dans leur travail. Ils ont eu ce courage et cette force. Il y a d'ailleurs cette phrase qui peut nous pousser au changement :

« Ta deuxième vie commence quand tu sais que tu n'en as qu'une. »

Et savoir prendre le risque de changer de cap ou de vie.

« Le pire des risques est de ne pas en prendre » disait un jour Nicolas Sarkozy et il avait bien raison.

On gravite toujours autour des mêmes thèmes. Il y a ce besoin de faire mais souvent retenu par la peur. On se pose trop de questions mais nous avons vu que la peur se crée dans le cerveau et que c'est l'action qui souvent fait passer le cap de la peur. Il faut savoir sortir de sa zone de confort. Il y a encore une fois cette vision de ce lac qui fait peur mais une fois le pied dedans on s'aperçoit qu'il n'est pas bien profond.

Cela m'amène aussi à citer cette phrase qui est pour moi fondamentale dans notre existence :

« *La route est dangereuse mais la routine est mortelle.* »

Il faut donc sortir de sa routine ou de sa zone de confort. Et bravo à ceux qui ont le courage de le faire (je me répète, on ne vit qu'une fois et fais de tes envies une réalité. Je le dis à nouveau : vis tes rêves au lieu de rêver de les vivre.)

Changer sa vie lorsque l'on a de l'argent de côté est bien plus facile mais changer sa vie en plaquant tout et sans trop d'argent c'est bien plus compliqué. Et c'est encore plus beau. Nous avons vu que le temps passe très vite.

Il y a aussi cette belle phrase ci-dessous en forme de conseil pour ne pas sombrer trop tôt dans la vieillesse ou les regrets car il est important de rester jeune dans sa tête.

« *Nous commençons à vieillir quand nous remplaçons nos rêves par des regrets* »

disait Sénèque.

Il est donc important dans sa tête de continuer à rêver car lorsqu'il y a trop de regrets cela signifie que l'on commence à perdre son énergie et que l'on tombe dans une forme de vieillesse. N'arrêtez donc pas de rêver ou avoir des projets.. (terme moins fort et peut être plus concret)

Pour continuer sur l'idée de regret j'avais vu sur les réseaux sociaux une vidéo qui demandait à des gens qui étaient à la fin de leur vie de nous dire qu'elles étaient leurs plus grands regrets. Bien sûr il revenait l'idée de ne pas avoir assez profité de sa famille ou de ne pas avoir assez exprimé ses sentiments à ceux que l'on aime mais ce qui revenait avec force et avec une écrasante majorité (je dirais à 90%) dans les regrets était le fait de ne pas avoir fait ce que l'on aurait voulu faire !!!!

Eh oui, notre système sociétal nous a mis dans un moule. Il faut autant que possible casser tout cela, si on le ressent et si on en a la force. Sortir comme le dit Pierre Rabhi de nos boîtes !!! Mais qu'il est difficile d'en sortir. Pourtant on ne vit qu'une fois. Soyons nous-mêmes. Et pas la copie de tant d'autres. Osons.

Je répète aussi Gad Elmaleh qui dit :

« Les seules choses que l'on regrette
sont celles que l'on n'a pas faites. »

Bravo donc aux gens qui osent prendre le risque de changer de vie et de vivre la vie qu'ils souhaitent avoir. J'insiste à nouveau : « Vivre ses rêves plutôt que de rêver de les vivre. » Je redis cette phrase car il ne faut pas avoir peur de réécrire des choses qui nous font du bien : elles s'imprègnent à force de les répéter dans notre cerveau. J'aurais pu dire une autre phrase courte et qui elle aussi peut faire du bien en vous disant tout simplement que « le meilleur est à venir ». C'est, je trouve, court, simple et assez stimulant. Ne pas hésiter donc à se répéter de belles paroles. Penser positif plutôt que négatif. C'est tellement évident.

En tout cas j'adore regarder ces émissions de personnes qui ont changé de vie. Qui ont eu ce courage et qui ont tout plaqué pour une nouvelle aventure. Comme notamment ceux qui sont partis vivre ce que l'on nomme le « rêve américain ». Non pas que c'est la chose qui m'attire mais c'est un exemple qui est souvent vu. Ils ont eu ce courage et cette niaque. Ce rêve est plus pour une réussite professionnelle mais il y en a d'autres qui ont voulu à l'inverse quitter la société de compétition pour se reconnecter avec la nature sans un but financier au bout, ce qui est fort estimable aussi et qui serait d'ailleurs plus proche de mes aspirations.

Quelquefois j'aimerais partir de notre monde devenu surmédiatisé. Il n'y a qu'à voir ces chaînes « tout info » en continu qui veulent faire de l'audience à tout prix et souvent pour le faire elles tombent dans une information toujours négative et dramatique. Cette information négative (d'ailleurs à la limite, souvent des faits divers) rend notre société de plus en plus anxiogène car une nouvelle fois et je le redis, à force de répétition ces informations violentes et négatives s'imprègnent dans nos cerveaux comme la seule réalité et cette réalité nous rend nerveux, agressifs voire dépressifs. On en revient au préambule de ce livre où je disais que la méditation devrait être une étape obligatoire dans notre jeune éducation. Apprendre à la jeunesse à mettre dans son subconscient de belles images de tolérance, respect, amitié et amour plutôt que de vouloir à tout prix, dès le plus jeune âge développer entre les individus un esprit de compétition. (Idée déjà évoquée en début de ce livre avec l'exemple des « notes ».) Je ne dis pas qu'il ne faille pas le faire mais quelquefois avec plus de diplomatie. Je me rappelle d'ailleurs certains enseignants qui lorsqu'ils rendaient les copies partaient du moins bon au meilleur. On espérait tous dès le début ne pas être cités et si c'était le cas c'était la déception face à ce processus de compétition voyeuriste entre enfants.

Que dire aussi des rixes qui font la une tous les jours où des enfants se font lyncher pour des broutilles à la sortie des écoles. Ceci véhiculé par le côté dangereux des réseaux sociaux. Rappelons-nous aussi Samuel Paty ou Dominique Bernard. Cette société est de plus en plus violente.

C'est sans doute pour ces raisons que cette reconnexion à la nature serait plus mon aspiration. Attention, de façon occasionnelle ; une sorte de méditation. La marche est d'ailleurs excellente pour réfléchir et cela est marqué sur ma « wish list » 2025 avec un bivouac de quelques jours, dormant sous une tente et faisant par exemple, une partie d'un GR.

Tout cela me fait aussi penser à une belle citation de Charles de Gaulle qu'Alain Delon d'ailleurs fatigué par la tournure du monde avait utilisée un jour dans une interview. Voici ce que disait cette citation :

> *« Dans le tumulte des hommes et des événements,*
> *la solitude était ma tentation.*
> *Maintenant elle est mon amie. »*

Charles de Gaulle

Pour moi vous l'avez compris je parlerais plus de reconnexion occasionnelle à la nature et donc au calme et à une certaine pureté.

Cela dit, revenons à notre fil conducteur et à cette idée d'action et de trouver ou « oser » prendre la bonne route.

Pourquoi continuer sur une mauvaise route alors qu'il peut y en avoir d'autres. C'est là qu'intervient l'utilité de ce livre. Donner des armes pour avoir le courage ou l'audace de changer ce qui ne va pas. Prendre dans la boîte à outils les éléments qui peuvent vous rendre plus heureux ou épanouis. Il faut croquer la vie d'autant plus que nous savons que le temps avance inexorablement et ne se rattrape JAMAIS. Cette notion de temporalité avec une fin assurée au bout est comme le dit Sylvain Tesson et je le répète « *un aphrodisiaque à la vie* ».

En ce qui concerne les regrets j'avais lu un article qui je trouve en parlait assez bien. On pouvait y lire :

« Ceux liés à l'inaction et ceux liés à l'action. On se souvient plus de ceux liés à l'inaction car l'immobilisme permet d'échafauder une multitude de scénarios... »

J'aimerais maintenant aborder l'idée de travail comme un muscle. Il y a en effet cette idée sur le travail lié à un muscle que je trouve très juste. C'était une personne qui un jour dans un débat avançait cet argument et j'étais tout à fait d'accord avec cela. Cela me fait penser à une phrase qu'un jour un Américain m'a dite :

"If you want something done give it to someone busy."

Donc « Si tu veux que quelque chose soit fait, donne-le à quelqu'un d'occupé » et c'est tout à fait vrai.

Si demain je demande à quelqu'un qui ne fait pas grand-chose de ses journées d'aller à tel endroit récupérer par exemple un colis, il va le voir comme une action importante voire une contrainte à un planning pourtant vide. Alors que l'homme occupé va l'intégrer comme si de rien n'était dans son agenda en disant « bien sûr je ferai un saut pour le récupérer ». C'est juste pour lui une petite action se rajoutant à la somme importante des actions de sa journée.

Pour l'homme « busy » son esprit est conditionné à l'action. La partie « travail » de son cerveau est « **musclée** » comme celle d'un sportif de haut niveau. Il peut répondre avec facilité à des demandes de travaux.

Nous avons aussi tous remarqué que lorsque l'on ne fait rien on trouve le temps long et quand on s'active ; c'est l'inverse.

« Comment des années si courtes se fabriquent-elles avec des journées si longues »

disait Jankelevitch.

Encore faut-il espérer qu'il y ait cette notion déjà vue plus haut de plaisir dans le travail. En effet Camus disait :

« Il n'est pas de punition plus terrible que le travail inutile et sans espoir. »

On en revient au mythe de Sisyphe vu en début de ce livre. Ainsi en parlant d'action il y a chaque fois les mêmes mots qui reviennent et qui constituent une partie du feuillage de notre arbre de vie comme le travail, le courage mais aussi l'échec, cela dit toujours abordé sur un plan positif.

« L'échec est le fondement de la réussite »

disait Lao Tseu.

J'ai aussi un autre mot qui me vient à l'esprit qui a été brièvement vu mais pas assez car il a son importance. C'est celui d'OSER. On pourrait l'opposer à REGRET déjà cité.

Pour en parler je donnerai un premier exemple que j'ai vu sur internet de Suboth Patil intitulé « **Ask for help.** » Il reprenait des propos de Steve Jobs qui disait :

« Je n'ai jamais eu de gens qui ne voulaient pas me répondre. J'ai appelé Bill Helweth quand j'avais 12 ans. Il vivait à Palo Alto. Son numéro était dans l'annuaire. C'est lui-même qui a répondu !!! Il a ri à mon appel et m'a offert un "summer job". J'ai juste demandé. La plupart des gens n'osent pas demander, n'osent pas prendre leur téléphone et appeler et c'est quelquefois ce qui sépare les gens qui veulent faire et ceux qui rêvent de faire. Tu dois agir et tu dois être prêt à échouer. »

Ces propos de Steve Jobs me font penser à nouveau à ce livre de Laurent Gounelle « L'homme qui voulait être heureux ». Dans ce passage il démontre qu'il est difficile en définitive d'obtenir dans la société des « NON » même pour des demandes farfelues. On a donc souvent peu de NON quand on demande quelque chose. Il faut donc OSER et ne pas hésiter à demander. Ne pas se faire une montagne des choses. Trop souvent on se fait un monde des choses et on se laisse prendre par son cerveau ; et comme on l'a vu c'est l'action qui permet de se donner confiance et d'avancer.

Sénèque disait :

> **« Ce n'est pas parce que les choses sont difficiles**
> **que nous n'osons pas**
> **C'est parce que nous n'osons pas qu'elles sont difficiles. »**

J'étais aussi tombé sur les réseaux sociaux sur cette vidéo qui disait qu'il y avait 3 règles simples dans la vie :

1) Si tu ne vas pas après ce que tu veux alors tu ne l'auras jamais.

2) Si tu ne demandes pas, la réponse sera toujours non.

3) Si tu ne vas pas de l'avant alors tu seras toujours à la même place.

C'est un peu un résumé de ce que l'on a vu plus haut.

Je finirai par cette autre vidéo que j'ai vue sur l'action d'oser et d'être opportuniste. Il y a une personne debout en face d'une audience assise et voici ce qu'elle dit :

« Je vais vous montrer le secret qui sépare les gagnants des perdants plus que toute autre chose. Ceci est disponible à qui le veut en montrant un billet de 50 dollars à l'audience assise devant lui. 95 % des gens ont l'instinct de lever le bras. Seule une personne de l'audience se lève de sa chaise et va chercher le billet en le prenant des mains et en disant "thank you". Puis le show man dit : "Qu'est-ce que Debbie a fait et que personne d'autre dans l'audience n'a fait ? Elle s'est levée et s'est mise en action. Trop souvent nous restons assis, nous pensons, réfléchissons, c'est un point mais quand l'opportunité arrive il faut savoir la saisir et si vous n'agissez pas vous rester assis et vous manquez l'opportunité d'avoir 50 dollars." »

Je continuerai par cette citation :

> **« *Le plus grand plaisir de la vie est de réaliser ce que les autres vous pensent incapable de réaliser.* »**

Cette phrase est aussi intéressante car il y a l'idée d'un double plaisir qui rend l'action encore plus belle.

Un dépassement de soi qui amène à une estime de soi et l'idée d'accomplissement.

Sinon dans cette partie où l'on parle d'action, motivation, échec et réussite, il est bien évident qu'il y a sous-jacente l'idée de réussite « professionnelle ». C'est une évidence. Nous travaillons je l'ai dit en moyenne 40 ans durant notre existence et comme nous l'avons vu le choix de notre travail est primordial. Cette réussite est souvent comparée avec une réussite liée à l'argent. En effet cela va souvent ensemble. Toutefois j'ai envie de citer à nouveau cette très belle phrase et d'y apporter un exemple :

« Le succès ne se mesure pas à la quantité d'argent que vous gagnez mais à l'impact que vous avez sur la vie des gens. »

Les intervenants sur les réseaux sociaux style Instagram et TikTok disent souvent que la réussite dans la vie est une réussite prouvée par l'argent. Aussi cela me fait penser à une vidéo de l'humoriste Fabrice Éboué qui sur Instagram parlait de l'argent et des réseaux sociaux. Il nous dit :

« Tu vis dans une société aujourd'hui ; des gens ils font médecine et ils font 10 ans d'études pour gagner 3 à 4 mille balles par mois après des années d'études où on leur dit : "C'est la voie royale" [...] et tu as des meufs qui montrent leur cul sur Instagram et qui prennent 40 ou 50 000 balles par mois. Et de plus en plus tu vois ça et je suis comme tous les parents, je suis démuni. Bien sûr je ne veux pas que mes enfants aillent montrer leur cul mais c'est quoi le juste milieu dans cette société où on valorise de plus en plus le paraître ; le manque de travail ; le tout tout de suite... C'est super compliqué de leur dire ne fais pas ci ne fais pas ça. »

Le business sur les réseaux sociaux est donc souvent centré sur le rapport à l'argent mais la citation ci-dessus est belle car elle va plus loin en délivrant un message bien plus altruiste. Elle est très belle car elle prouve que tout le monde peut avoir d'une façon plus ou moins importante cet impact. Chacun peut apporter quelque chose même à son petit niveau. C'est d'ailleurs ce que j'ai découvert sur les réseaux sociaux (comme Instagram ou TikTok) avec cette information que j'ai appelée « participative » sans demande de retour. Une information qui veut être partagée. Je l'ai qualifiée en début de livre d'idée d'information de compassion, qui est importante à la fois pour celui qui la reçoit mais aussi celui qui la donne. J'aime d'ailleurs à dire qu'il est très agréable de recevoir mais il est encore plus agréable de pouvoir donner. On revient à l'une des 3 composantes au bonheur (pour Frédéric Lenoir) qui est la compassion ; les autres étant : l'instant présent avec une vraie attention aux choses et aussi le fait de penser aux bons souvenirs du passé.

Pour revenir enfin à cette magnifique citation ci-dessus, il y a un exemple pour moi qui me vient spontanément en tête (bien entendu il y en a plein d'autres et sans doute de meilleurs). C'est l'exemple d'une personne qui par son succès a eu un impact sur la vie des gens. Je veux citer le brillant Xavier Niel et je le remercie car un jour il a décidé de se lancer dans la téléphonie. Il aurait pu s'arranger avec les autres opérateurs et continuer à faire des prix qui étaient des prix de voleurs (il n'y a pas d'autres mots). Lui a de suite proposé un vrai prix de la téléphonie. Bien entendu son arrivée tonitruante et sa réussite sur ce marché ne pouvaient se faire que sur cette vérité sur les prix pour pouvoir obtenir des parts de marché mais il n'a depuis maintenant 15 ans jamais augmenté les prix alors qu'il est devenu un acteur incontournable du marché et qu'il pourrait le faire. Il y a une certitude, M. Niel a contribué par sa réussite à avoir un impact sur la vie des gens et sur leur pouvoir d'achat. Bravo. Prenons aussi l'exemple d'une personne qui consacre sa vie à aider les autres, comme une enseignante passionnée dans une école d'un quartier défavorisé. Cette enseignante peut ne pas gagner autant d'argent qu'un avocat ou un médecin, mais son impact sur la vie de ses élèves est immense. En leur offrant une éducation de qualité, en les inspirant, en leur transmettant des valeurs et des compétences, elle les aide à façonner un avenir meilleur pour eux-mêmes et pour leur communauté. Le succès de cette enseignante ne se mesure pas en termes financiers, mais plutôt par l'empreinte positive qu'elle laisse dans la vie de ses élèves et dans la société en général. C'est à nouveau cette idée de compassion qui nous fait du bien. J'ai donc parlé de réussite avec un impact positif sur les gens. Parlons maintenant du besoin d'un objectif final.

3) Action associée à des projets et des objectifs

Les actions sont les étapes concrètes que vous suivez pour atteindre vos objectifs dans le cadre d'un projet. Les objectifs définissent ce que vous souhaitez accomplir, tandis que les actions décrivent comment vous allez y parvenir. Par exemple, si votre objectif est de perdre du poids, une action pourrait être de faire de l'exercice régulièrement ou de modifier votre alimentation en conséquence. On pourrait aussi donner un autre exemple comme la construction d'une maison qui serait un projet et que pour ce faire l'on se donne des objectifs liés à l'action. Je vais faire le terrassement d'ici un mois, couler la chape d'ici 2 mois... faire la toiture avant l'hiver.

Le projet est donc plus global. Ne parle-t-on pas de projet de vie. L'un est donc plus sur du long terme et l'autre sur du court terme. Bref, l'important est surtout de comprendre que l'action est encore plus belle et valorisante quand elle a un objectif. C'est encore Frédéric Lenoir qui nous en parle. Voici ce qu'il dit :

« Il n'y a pas de vent favorable pour celui qui ne sait dans quel port se rendre. » J'adore cette phrase. Ça veut dire que l'on peut errer dans la vie tout le temps, il se passera plein de choses en errant. Mais on peut à un moment donné se fixer des objectifs. Je crois que les gens qui ont réalisé de belles choses et de grandes choses dans la vie avaient toujours plus ou moins un objectif. »

Je vais prendre un exemple pas forcément sur une réussite professionnelle avec un objectif mais une réussite avec un objectif bien plus simple sur nous-mêmes avec l'idée de la « wish list ». Déjà pourquoi cet exemple ? Car il s'adresse à tout le monde ; le retraité, le sans-emploi, l'homme normal et pas forcément le super-actif ou celui qui a déjà un agenda bien rempli avec de belles et grandes responsabilités et aussi avec des moyens qui facilitent le fait d'agir. Je veux montrer par cette idée de « wish list » que tout le monde peut remplir son temps et doit remplir son temps. N'oubliez pas que l'oisiveté use plus que le travail. Il y a donc cette idée de « wish list » que l'on fait généralement chaque début d'année et qui nous pousse à accomplir quelque chose qui nous tient à cœur. Il y a aussi dans cet exemple l'importance de noter les choses car lorsqu'on les lit et relit on se les répète et elles s'ancrent en nous et deviennent réalité. Il y a aussi le plaisir de l'objectif accompli. Quelle peut être cette liste ?

Cela serait par exemple faire un voyage humanitaire, rencontrer tel personnage que l'on admire ou pourquoi pas et comme par hasard « écrire un livre dans l'année ». Il peut y avoir plein d'autres idées. Bien sûr vous n'allez pas tout réaliser. Mais le simple fait d'en réaliser quelques-unes avec un bel objectif procure un plaisir assuré. On en revient à un objectif atteint avec une idée d'accomplissement. N'est-il pas agréable de pouvoir réaliser des objectifs qui ont été écrits car trop souvent on se met dans la tête que cette envie est irréalisable mais souvent c'est dans la tête. Vous êtes par exemple passionné de philosophie et vous aimeriez rencontrer un grand philosophe contemporain. Qui vous a dit que c'était impossible ? Personne si ce n'est une petite voix en vous. Eh bien, marquez-le sur votre « wish list » et si cela se concrétise vous aurez atteint votre objectif et ce sera un double plaisir, le premier d'avoir réussi votre objectif et le deuxième d'avoir pu rencontrer et discuter avec ce grand philosophe. On en revient à l'idée d'OSER de Steve Jobs. Si vous ne demandez pas vous aurez forcément des NON.

Je me souviens aussi de ce couple sans enfants qui avait un désir (plutôt celui de Schopenhauer) qui était de créer une école dans un pays pauvre pour y aider la jeunesse. Ils ont tout laissé en France et sont partis en Asie. Ils ont monté cette école (pour près de 300 enfants) et par ce projet ils sont devenus les héros de leur village d'adoption. Voilà une belle action avec un magnifique objectif qui était d'aider la jeunesse et aussi de se sentir utile.

J'aurais pu aussi parler du sport. Prenons par exemple le saut à la perche. Pour tout perchiste le défi est déjà de dépasser les 6m. Réussir cette action est déjà un exploit. Puis arriver à battre le record du monde serait un accomplissement. Le sport est la preuve même d'une action avec un objectif.

L'action est donc fondamentale dans notre existence. Elle nous permet de nous réaliser soit intérieurement soit extérieurement (ce qui serait plus professionnel). On a vu qu'il y avait des moyens pour la stimuler. Enfin l'idée d'y mettre des objectifs est aussi un moyen de valoriser cette action et donc de se valoriser soi-même.

Pour finir sur ce chapitre je vais prendre un dernier exemple que j'ai vu sur internet, celui de Bertrand Badré ancien directeur financier de la Société Générale et de la Banque mondiale.

« Posez votre crayon et fermez vos yeux et essayez de vous demander de quoi vous voudriez que l'on se souvienne en parlant de vous dans 50 ou 60 ans. Il n'y a pas de bonnes réponses. Vous voulez peut-être devenir l'homme le plus riche du monde, inventer un vaccin, vous voulez être le père idéal ou la mère idéale. Il n'y a pas de bonnes réponses. C'est quoi votre rêve ? Au fond de quoi avez-vous besoin ? Quelle est la chose qui va être votre moteur ? Moi je sais que mon moteur quand j'avais 20 ans était de laisser une trace positive pour le monde. Je ne savais pas encore ce que c'était. J'ai même pensé plutôt à la politique à l'époque mais ce n'est pas ce que j'ai fait finalement. Je dis aux gens : gardez bien ce rêve, mettez-le dans un coin et comme tous les rêves c'est un cap, c'est un phare. Si vous faites du bateau ou de la montagne c'est rarement une ligne droite et vous tirez des bords et vous pouvez vous éloigner ou vous rapprocher de votre rêve mais posez-vous la question tous les 2/3 ans. Est-ce que je me suis plutôt éloigné ? Ou plutôt rapproché ? Est-ce que je suis là où j'ai envie d'être aujourd'hui ? Comme on l'a dit tout à l'heure, ne vous mettez pas dans une prison dorée. Ne vous dites pas je reste là car j'attends la prochaine prime, le prochain bonus, la prochaine promotion [...] et vous vous réveillez à 50 ans en vous disant : merde ce n'est pas ce que je voulais faire je me suis trompé. Dans ce monde en constant changement, si votre rêve c'est par exemple de rendre la terre meilleure, eh bien n'attendez pas. Faites-le. »

Encore une fois on en revient aux mêmes idées : la routine peut être mortelle. Il faut oser vivre ses rêves. Ne pas regretter et pour cela tout faire pour éviter les regrets. Et voir le moins possible de fantômes autour de votre lit quand votre heure viendra.

Je vais finir en abordant 2 thèmes que j'ai retenus sur le net et qui peuvent être pour vous intéressants dans vos actions.

Je veux parler de la prise de décision et aussi de l'idée du danger et des limites du pouvoir

La prise de décision

Source : Laura Mabille « **J'accélère mes prises de décisions** »

« *Savoir* trancher entre deux options créé par Suzie Welsh Technique 10.10.10.

Comment cela marche ? Choix à faire et se poser 3 questions :

Dans les 10 prochaines minutes impact immédiat.

Dans les 10 prochains mois impact moyen terme.

Dans 10 prochaines années impact long terme. »

Comment aussi recruter ? Je crois ce passage trouvé sur le net assez intéressant puisque nous aborderons plus loin les relations humaines et la communication et par la suite la personnalité accomplie.

Ce passage ci-dessous met en valeur les différentes « qualités » de chacun et l'on s'aperçoit que ces « qualités » sont importantes pour constituer une équipe car même si nous pouvons grâce à notre caisse à outils influer sur nos qualités nous avons tous des « qualités » qui auront un développement différent. **Chacun a son propre arbre**. Des qualités seront plus développées chez certains que chez d'autres.

Ce passage est intéressant si vous veniez à recruter. Enfin je trouve ; il parle des 4 différents tempéraments : **Lion Fox Cheetah and Bear.** Ils ont mis ces 4 tempéraments en 4 catégories d'animaux :

Lion : Tempérament qui organise.

Renard : Tempérament pour créer les idées.

Ours : Tempérament pour construire les relations.

Guépard : Tempérament pour exécuter les actions.

« Dans une équipe hautement performante tu as besoin d'avoir les 4. C'est comme un bloc. Tu imagines un carré avec à l'intérieur 4 blocs et chacun représente un animal. Tu peux avoir une bonne équipe mais si tu veux vraiment une équipe avec de hautes performances tu dois avoir les 4.

Quelqu'un qui organise.

Quelqu'un qui crée les idées.

Quelqu'un qui construit les relations.

Quelqu'un qui exécute.

Dans une interview tu as la possibilité de savoir quel animal est en face de toi et donc savoir si c'est celui qui manque dans ton équipe. Remplir ton carré avec ton élément manquant. Il faut poser des questions qui désarment ton interviewer par quelque chose de plus personnel. Par exemple : comment tu planifies tes parfaites vacances ?

« *Moi je regarde les hautes saisons, les températures…* » Tu parles au lion, ils veulent organiser. « *Bien moi je saute sur le prochain vol vers les Fidji.* » Tu parles à un guépard, un guépard, il veut juste passer à l'action. Qu'est-ce que vous allez faire aux Fidji ? *Je n'en ai aucune idée, je veux être dans le prochain avion.* Le suivant dira « *J'y ai souvent pensé ; je ne sais pas si je vais aller en Afrique ou Arabie saoudite, car il y a dans chaque pays des choses qui m'intéressent.* » Vous parlez au renard car il est toujours plein d'idées. Où vous voulez aller en vacances ? « *Là où ma femme souhaite aller ou mes amis.* » Là vous parlez à l'ours. Tout ce qui compte, ce sont les relations. »

Quand on parle « réussite professionnelle » et surtout si elle est pleinement réussie elle donne alors forcément du POUVOIR à la personne qui réussit. Le pouvoir est en effet souvent la conséquence d'une belle réussite dans tous les domaines comme le commerce, l'industrie ou la politique. Ne parle-t-on pas d' hommes ou femmes de pouvoir ou puissants ou même proches du pouvoir ? Il y a des milliers d'exemples et dans tous les domaines.

D'ailleurs, petit test avant de parler de pouvoir. Êtes-vous un entrepreneur ? Car souvent l'entrepreneuriat s'il est réussi est synonyme de pouvoir.

Cette source vient d'un mélange de deux interviews incluant Gad Elmaleh et Marc Simoncini. Le premier répétant d'ailleurs les propos du deuxième. Voici ce qui est dit :

« Il y a 2 types de gens. Les gens qui te disent **ET** et les gens qui te disent **MAIS**. Prenons l'exemple pour un vélo futuriste innovant. Un qui va dire **MAIS** ça va coûter cher ; **MAIS** on va se le faire voler et l'autre qui va dire **ET** oui **ET** il faut rajouter ça **ET** on pourrait mettre une batterie rechargeable en pédalant...

Les entrepreneurs sont des **ET** et les gestionnaires des **MAIS**. Si tu lances une boîte avec des **MAIS** ça ne va pas le faire pour la faire avancer mais si cette boîte est gérée par un **ET** elle risque aussi d'aller droit dans le mur. »

Tout comme cette histoire où l'on propose un projet à un Français. Il répond « pourquoi » et l'Américain « pourquoi pas »

Ce passage vous montre déjà qui vous êtes actuellement. Un « MAIS » ou un « ET » ? Si vous n'êtes pas un « ET » et que vous voulez le devenir sachez qu'il n'est jamais trop tard. C'est le but de ce livre. Je le répète, nous devenons ce que nous pensons. Soyez donc confiant et positif.

Abordons donc le pouvoir très rapidement sous l'idée de son danger et de ses limites. Montesquieu disait à ce sujet :

> *« C'est une expérience éternelle*
> *que tout homme qui a du pouvoir*
> *est porté à en abuser*
> *il y va jusqu'à en montrer ses limites. »*

Malheureusement la géopolitique de notre monde montre l'exemple de tous ces dictateurs qui abusent de leur pouvoir mais aussi de ceux aux échelons en dessous qui exécutent. Comment dans un pays, un groupe si petit arrive-t-il à imposer sa loi à tant de monde ? Sans aucun doute le règne de la peur. J'aimerais qu'il existe une gouvernance mondiale qui puisse avoir un droit d'ingérence dans tous les pays. Quelquefois je me dis que si on déversait sur certains pays des armes par milliers voire par millions cela permettrait à la population de se défendre et de se soulever. Je pense notamment à l'Iran où une poignée de fanatiques empêchent des millions d'individus d'être heureux. J'ai regardé à nouveau la version de Bella Ciao en iranien ou l'hymne de la contestation qui a ému le monde entier et notamment la version de Yashgin Kiyani et aussi un autre « hymne au soulèvement » avec cette très belle chanson écrite par Shervin Hajpour intitulée Barayé et reprise dans de nombreux pays et que je vous pousse à aller écouter car c'est très émouvant. Ces 2 chansons sont magnifiques mais on aurait préféré ne pas les voir exister. Comment peut-on empêcher les gens d'être heureux ? C'est pourtant à la base même de notre existence. C'est le but de la vie. Cela m'amène à cette magnifique citation d'Einstein :

> *« Le monde est dangereux à vivre non pas tant part par ceux qui font du mal mais par ceux qui laissent faire. »*

Il y avait la même citation qui mettait à la place de « dangereux » l'idée de « difficile à vivre » qui était aussi assez pertinente. C'est en effet une évidence par tellement d'exemples.

Vous êtes au cinéma et une personne devant vous pendant tout le film va chuchoter avec son voisin et donc vous déranger. Si vous ne lui dites rien ça rend le film « difficile à suivre » et le moment de détente que vous vous étiez octroyé devient « difficile à vivre » car vous n'avez rien dit. De même un voisin de votre appartement qui met de la musique tard la nuit cela rend difficile à vivre si vous ne le lui dites pas. Il faut donc réagir pour ne pas laisser faire. À petite ou grande échelle. Du petit conflit à celui géopolitique.

Vous verrez d'ailleurs un exemple intéressant dans la partie « relations humaines » sur la façon de réagir si vous avez un problème avec votre plat dans un restaurant et sur les 3 attitudes possibles, il y en a en effet une à choisir.

Sinon pour la notion de « dangereux » dont parle Albert Einstein il y a malheureusement des situations plus compliquées et notamment celle citée plus haut comme en Iran. Il y a tellement d'exemples. Pourquoi le monde est-il si fou ? La guerre en Ukraine est aussi un exemple parlant. La mort de Navalny aussi est tellement triste. Comment peut-on laisser faire des choses pareilles ? Cela me fait penser à une vidéo que j'avais vue sur les réseaux sociaux où la personne parlait de la gestion de la COVID intitulée « **Comment on fait pour réduire le QI d'une population au niveau de celui d'une étoile de mer** » (mais cela pourrait être retranscrit aussi pour des dictatures.) :

« Comment on fait pour réduire le QI d'une population au niveau de celui d'une étoile de mer. On fait peur aux gens, on les effraie, on les isole, on les monte les uns contre les autres. Du coup on active un système de protection, on est tous câblés pour gérer du stress du coup on les isole, on les effraie, on leur dit qu'ils vont mourir ou que l'on va tous mourir et du coup ça fait disjoncter leur cerveau tout simplement et entraîne des réactions de déconnexions et d'obéissance. Et donc dans cet état de stress on ne peut pas réfléchir de manière cartésienne ? En fait on a un système nerveux qui fonctionne de manière globale, habituellement quand on est sans stress on peut réfléchir, on peut avoir accès à nos émotions, on peut construire une pensée mais quand on est sous stress de manière intense sans moment de récupération des choses s'activent dans le système nerveux qui en quelque sorte se débranche. Et donc toute la partie du néocortex, qui est la partie la plus évoluée de notre cerveau qui permet de réfléchir de mettre du sens sur les choses, est comme débranchée de notre appareil émotionnel. Quand on est sous stress on ne peut plus penser et on est dans des réactions automatiques complètement irrationnelles. »

Il y a d'ailleurs un passage intéressant de David Lefrançois qui analyse le pouvoir avec la gestion émotionnelle. Voici ce qu'il nous dit :

« Tu peux être la personne la plus intelligente du monde, la plus instruite ; tu peux avoir le pouvoir entre tes mains mais si tu n'as pas d'intelligence émotionnelle tu n'es rien. Pire : donne du pouvoir à un faible cela devient un tyran. Tous les tyrans du monde sont juste des faibles au niveau émotionnel. Vous les prenez tous un par un ; quand vous allez les chercher dans leur histoire ; vous allez voir que les « mecs » (car au passage ce sont toujours des hommes !!!) […] et on voit, tous dans leur histoire des moments de faiblesse qu'ils n'ont pas su travailler […] ; des blessures intérieures qu'ils n'ont pas su gérer. Tout ce que vous êtes est le fruit dont vous gérez vos émotions. »

À l'instar du QI ne parle-t-on pas de QE ? Qui est tout simplement le quotient émotionnel d'un individu. Ce n'est pas un hasard.

On voit donc par ces propos que plus de méditation, plus d'empathie serait tellement important. Il faudrait faire en sorte que l'on développe en nous cette gestion émotionnelle pour que le monde dans lequel nous vivons aille mieux.

On a donc vu, avec beaucoup de citations, l'idée importante de l'ACTION. Que faut-il en retenir ?

L'action est fondamentale dans l'existence d'une personne. Je ne parle pas encore une fois de suractivité. Le fait même de lire est une action. Il y a d'ailleurs une étude qui a démontré que c'était un véritable déstressant, en plus de son côté enrichissant. Donc il faut être actif plutôt que passif. Être actif permet aussi d'être souvent dans l'instant présent. Si ce n'est pas le cas, forcez-vous à y penser. Rappelez-vous les conseils de Frédéric Lenoir sur l'importance de l'attention. Soyez donc attentif aux choses. Surtout ne pas oublier aussi que l'action crée la motivation et non l'inverse. Ne pas hésiter à se lancer. Ne pas avoir peur de l'échec. Qu'il ne faut pas regretter. Nous avons aussi vu que la peur est plus dans la tête et que l'action souvent enlève la peur. Rappelez-vous ce passage de Muriel Ruzzante qui disait : *Souvent on attend d'avoir confiance en soi pour faire quelque chose. En fait cela ne se passe pas du tout comme cela. **C'est l'inverse** il faut faire pour avoir confiance en soi. Il faut oser faire et refaire pour avoir confiance en soi.* Et enfin soyez inventif c'est tellement important.

Je le redis une nouvelle fois : n'hésitez pas à noter ou surligner les passages qui vous semblent importants dans ce livre pour que vous puissiez les retrouver plus facilement. En faire une sorte de mémento.

Je rajouterai enfin un point fondamental déjà vu dans le fait d'agir en général et pas forcément agir professionnellement. Il est primordial de planifier les choses. Et je dirais SURTOUT de les écrire ou de les noter. On en revient à l'importance d'écrire les choses comme pour ses objectifs professionnels. On a vu **la puissance d'un stylo et d'une feuille de papier** dans ses objectifs professionnels et donc sur du long terme. C'est la même chose sur du court ou moyen terme. Ce n'est pas pareil de dire à quelqu'un « Oui pourquoi pas aller voir cette exposition ce week-end » et de dire « Oui je le note faisons cette expo ce week-end ». Dans la première option la chance de faire l'exposition est de 30 % ; dans l'autre hypothèse ; on est proche des 100 %. L'idée est simple :

C'est noté et donc imprimé dans notre cerveau et notre subconscient.

L'action est actée. Le cerveau raisonne comme si c'était déjà fait.

On en revient à l'importance aussi de se faire par exemple en début d'année ce que l'on appelle une « to do list » ou une « wish list » avec une date de fin et d'objectif. Le fait de le noter a le même effet. Le fait de le relire durant la période relance la dynamique. Cela s'imprègne tel un mantra ou un acronyme dans notre cerveau.

Je terminerai ce chapitre sur l'« action » par l'idée d'« effort ». Car qui dit action peut aussi amener à l'effort. L'effort n'est pas très loin de l'action. **En effet l'action est ce que l'on accomplit, tandis que l'effort est ce que l'on investit pour y parvenir.** Je voulais donc l'aborder par un passage très beau et juste, découvert sur Internet grâce à l'intelligence d'esprit de Sylvain Tesson.

Il nous y parle de l'idée du luxe presque à contre-courant mais qui en devient une vraie évidence. Ceci alimenté par une dose d'action associée à l'effort avec une idée de récompense finale. Il nous dit :

« La vie s'apprécie d'autant plus que vous l'avez mise en danger. Quand vous ferez un repas au fond d'une grotte après 10 heures de marche harassante alors cela sera un festin de roi. Alors que si vous mangez des écrevisses dans un jacuzzi de champagne dans un palace d'une grande ville ; ce n'est qu'une surenchère du luxe qui n'a aucun intérêt. J'ai une immense indifférence pour le luxe de la sophistication mais j'ai une adoration pour le luxe de la cessation de souffrance. Le feu de bois quand vous avez eu froid ; c'est incroyable. C'est un luxe inouï. Donnez-moi tous les champagnes du monde ça ne m'intéressera pas par rapport au verre d'eau quand j'ai eu très soif. C'est banal ce que je dis là. La cessation du manque ou du besoin, c'est le luxe suprême. Le seul hôtel 5 étoiles ; c'est le bivouac au sec quand vous avez eu une journée de pluie intense. »

Je trouve ce passage tellement juste.

Passons maintenant à une nouvelle branche. Elle aussi fondamentale. Celle des « **relations humaines** ».

RELATIONS HUMAINES

Communication & Information

« La grandeur d'un métier est avant tout d'unir les hommes ;
il n'est qu'un luxe véritable et c'est celui des relations
humaines »

disait Saint-Exupéry.

Bien que mon thème principal soit les relations humaines il y a deux sous-thèmes que je veux aussi aborder.

Le premier est la communication ; le deuxième est l'information. Quelle définition nous donne Internet sur ces notions ?

Les relations humaines, la communication et l'information sont des éléments essentiels de la vie sociale, mais ils ont des significations distinctes :

– Les relations humaines se réfèrent aux interactions et aux liens établis entre les individus. Elles impliquent des aspects émotionnels, sociaux et parfois professionnels.

– La communication désigne le processus d'échange d'informations, d'idées, de pensées ou de sentiments entre des personnes. Cela peut se faire verbalement, non verbalement, de manière écrite ou par d'autres moyens.

– L'information se rapporte aux données ou aux faits donnés, reçus ou découverts. Elle peut être utilisée pour éduquer, informer, persuader ou divertir.

La différence principale entre les trois concepts réside dans leur nature et leur objectif : les **relations humaines** se concentrent sur les liens interpersonnels, la **communication** sur le transfert d'informations, et l'**information** sur la transmission de données ou de faits spécifiques. Cependant, ils sont souvent interdépendants, car la qualité des relations humaines peut influencer la communication et la manière dont l'information est transmise et interprétée.

Nos relations avec les autres sont déterminantes dans notre vie. Le sens du contact est un puissant moteur d'épanouissement. Sur un plan professionnel, être recherché pour ses qualités humaines, créer la sympathie, faire passer ses idées, savoir motiver, corriger sans gâcher une relation de travail. Cela s'apprend. C'est donc une branche essentielle à notre arbre de vie. Ces relations humaines sont aussi primordiales dans notre vie en général.

Cela me fait penser au best-seller mondial de Dale Canergie intitulé « Comment se faire des amis ? ».

L'idée principale de Dale Canergie dans son livre est de dire que les relations interpersonnelles sont essentielles pour réussir dans la vie, et que la clé pour établir de bonnes relations avec les autres réside dans l'**empathie**, l'**écoute active**, le **respect** et l'**appréciation sincère des autres**. Dans sa pensée, rien ne pourrait détrôner le pouvoir communicatif que l'on a en souriant à notre interlocuteur. Pour ce faire, rien de plus simple : on pense à des choses positives, et on n'hésite pas à complimenter les autres afin de partager toutes ces ondes (mais sans aller jusqu'à mentir non plus).

Les relations humaines avec son vecteur principal qui est la communication (verbale, non verbale et paraverbale) sont donc des composantes essentielles dans notre épanouissement.

On peut déjà voir, et pour en montrer son importance, que les relations humaines et plus précisément la communication vont elles aussi puiser dans le « feuillage » de notre « arbre de vie » plusieurs thèmes centraux dont deux capitaux pour cette nouvelle branche (qui sont d'ailleurs dans mon ACRONYME). Je veux parler du SOURIRE et de L'INSTANT PRÉSENT.

- En ce qui concerne le sourire.

N'est-il pas en effet agréable de communiquer avec quelqu'un qui a le sourire. On se sent apprécié et écouté. Il y avait d'ailleurs cette phrase attribuée à Bob Marley qui disait : « Quelle est la plus belle courbe chez une femme ? » La réponse est son sourire. En effet vous pouvez être avec la plus belle femme au monde mais si elle fait la gueule constamment ; ce n'est pas plaisant.

- En ce qui concerne l'instant présent.

N'est-il pas agréable lorsque l'on est avec une personne, que celle-ci, quand elle vous parle soit bien avec vous, dans l'instant présent et non ailleurs comme par exemple loucher toutes les deux minutes sur son téléphone portable pour voir s'il n'y a rien de nouveau ?. Dans ce simple mouvement on n'est d'ailleurs plus dans l'instant présent mais on est déjà dans le futur !!!

La base de l'idée de Dale Carnergie est de s'intéresser aux autres plutôt qu'à soi et être dans l'instant présent aide à être à l'écoute de l'autre. Goethe ne disait-il pas :

« Parler est un besoin, écouter est un art. »

S'intéresser à l'autre est primordial. C'est arrivé à tout le monde de partir d'une soirée en disant à sa compagne ou à ses amis au sujet de quelqu'un rencontré dans la soirée. « Il m'a gonflé, il ne faisait que parler de lui ». On n'aime pas vraiment les « Moi je ». Tout le monde a connu cette situation.

Ainsi la réunion des 3 : le **sourire,** être dans l'**instant présent** (donc pleinement dans la discussion), et enfin s'**intéresser véritablement à l'autre** est à la base des relations humaines. Cela vous permet de vous faire apprécier et vous donne un réel sens du contact. C'est un peu la recette que je donnerais et cela donne un atout très important dans son arbre de vie. N'y a-t-il pas cette expression qui parle de « personne solaire » et c'est un peu pour moi l'exemple de la réunion des 3. C'est donc mon premier conseil concernant les relations humaines.

Mon deuxième conseil est le suivant : le premier contact est toujours très important. Je le répète.

« Il n'y a pas deux occasions de faire une bonne première impression. »

Le simple fait d'arriver en retard à un premier rendez-vous et vous voilà avec une première mauvaise impression (à moins que vous ayez une bonne excuse). D'autant plus si c'est un rendez-vous important comme un rendez-vous professionnel.

Mon troisième conseil concernerait pour moi la crise de sincérité dans nos relations humaines et plus précisément dans la communication. Cette crise de sincérité est une notion connue dans la négociation mais je la trouve intéressante dans les relations humaines en général. Savoir dire à la personne « *Je suis désolé mais je ne connais pas ce sujet ou ce mot* » ou « *je ne comprends pas votre explication* ». Ne pas avoir peur de dire : « *Je ne connais pas ou je ne comprends pas.* » La personne en face sera sans doute ravie d'expliquer à nouveau ou de mieux

158

faire comprendre sa pensée. Surtout si vous dites dans votre phrase quelque chose de gratifiant du style : *Ce que vous dites m'intéresse beaucoup mais je n'ai pas tout compris* ou *Je ne veux pas vous décevoir mais je dois vous avouer que je ne connais pas bien ce domaine et je serais ravi(e) de mieux le connaître grâce à vous.* Cela montre aussi que vous écoutez pleinement la discussion.

Voilà donc pour moi les quelques idées de base dans nos relations humaines pour optimiser son relationnel.

Je vais maintenant aborder la communication sous ces trois aspects ; celle que l'on appelle verbale, celle non verbale et enfin celle paraverbale. Puis j'aborderai l'idée d'information grâce à des petites choses que j'ai pu récupérer encore une fois sur les réseaux sociaux.

Ce sont simplement quelques idées mais qui me semblaient une nouvelle fois intéressantes.

Cela dit je le répète encore une fois : ce livre tout le monde peut le faire avec ses propres recherches. J'essaye simplement d'apporter quelques « outils » dans chaque branche pour le chemin de vie de chacun en espérant à la fin que le lecteur y trouve son ACRONYME ou son ou ses MANTRAS mais c'est à lui de continuer le chemin si bien sûr il en ressent l'envie.

La communication verbale, paraverbale et non verbale

Pour commencer, quelle est la différence entre ces trois notions ? Voici ce que nous dit Internet :

La communication peut se faire de différentes manières, notamment à travers la parole, les gestes et les intonations. Voici les différences entre la communication verbale, non verbale et paraverbale :

Communication verbale : C'est la communication qui se fait à travers les mots, que ce soit à l'oral ou à l'écrit. Cela inclut les conversations, les discours, les mails, les textos, etc. La communication verbale est principalement basée sur le contenu des mots utilisés pour transmettre des idées, des informations et des émotions.

Communication non verbale : Contrairement à la précédente, la communication non verbale se fait sans l'utilisation de mots. Elle englobe les gestes, les expressions faciales, la posture, le contact visuel, la distance entre les individus (proxémique), ainsi que d'autres signaux corporels. Elle peut souvent transmettre des informations importantes sur les sentiments, les intentions et les attitudes d'une personne, parfois même de manière plus puissante que les mots eux-mêmes.

Communication paraverbale : Cette forme de communication concerne les aspects de la communication qui accompagnent les mots, mais qui ne sont pas des mots eux-mêmes. Cela comprend l'intonation, le rythme, le volume, la vitesse et la tonalité de la voix. Par exemple, le ton de voix utilisé pour dire quelque chose peut changer complètement son sens ou sa réception. La communication paraverbale ajoute donc une dimension supplémentaire à la communication verbale, influençant la façon dont le message est perçu et interprété.

En résumé, alors que la communication verbale utilise des mots, la communication non verbale se fait à travers des gestes et des expressions corporelles, et la communication paraverbale concerne les aspects de la voix qui accompagnent les mots. Toutes ces formes de communication sont essentielles pour une communication efficace et complète.

Commençons donc par un premier exemple de communication verbale. Cette source vient à nouveau de David Lefrançois, « **Le grand pouvoir de l'intention** » :

« Quand je me surprends d'avoir un langage négatif. Le simple fait de dire **« j'ai l'intention »** *cela change les choses. Tu vas te dire « je suis nul ». Eh bien dire, « j'ai l'intention d'être une personne meilleure ». Comme tu en as l'intention ; le cerveau ne met pas de prisme en opposition. Sauf que dès que j'ai une intention je fabrique exactement la même biochimie que quand je fais la chose. Quand j'ai l'intention de faire plaisir à quelqu'un je ressens la même biochimie que quand je vais lui faire plaisir. Donc quand j'ai un discours négatif il suffit simplement que je me dise ; OK j'ai l'intention d'être meilleur. Je suis timide : j'ai l'intention d'aller plus vers les autres. Vous allez voir que le cerveau n'ira pas à l'encontre. Il ne te dira pas mais non ce n'est pas possible. Il va accepter l'idée et en fait à force d'avoir des intentions qui se répètent ça va s'inscrire dans ta phase comportementale. Donc à chaque fois que tu vas te rendre compte que tu vis quelque chose et que tu as un discours qui n'est pas positif :* **« j'ai l'intention de »***.*

On est donc encore une fois dans cet exemple dans la positivité et aussi comment gérer ses émotions avec le bon choix des mots.

J'avais d'ailleurs, sur l'importance du choix des mots, vu un exemple intéressant sur Internet. Voici l'exemple : Vous voulez réserver deux tickets pour aller au théâtre jeudi soir. Vous appelez le théâtre le lundi matin et voici deux types de réactions possibles. La négative est de répondre « *Malheureusement nous n'avons pas de tickets avant vendredi* ». **La réponse positive** est de dire « *Vous avez de la chance, nous avons 2 places pour vendredi soir, 4ᵉ rang, très belle vue ; voulez-vous que je les réserve ?* » **Ce n'est pas ce que tu dis mais comment tu le dis qui est important.** À partir du moment où le client entend « malheureusement » son subconscient commence à penser à une autre possibilité.

Dans cette réponse positive, vous donnez un nouveau choix (en le mettant en plus en valeur) et une fois sur trois, la personne qui était libre le jeudi le sera probablement le vendredi.

On voit là encore une fois la puissance du choix des mots.

Ma deuxième source vient de Caroline Mignaux qui dit ceci :

« *Un truc tout bête qui va changer tes relations aux autres. Ne plus dire "désolé". Par exemple "désolé je suis encore en retard". Tu vas commencer par dire : "Merci" ; « merci de m'avoir attendu » ; « merci de ta patience. » En fait quand tu remplaces tous les moments de ta vie où tu es en train de te flageoler pour des trucs il suffit de dire "merci". À ce moment-là, tu remplaces la culpabilité par la gratitude et ça, ça fait du bien à tout le monde.* »

Il y a aussi cet autre conseil dans nos relations à l'autre intitulé **« Just like butterflies don't chase create a garden »** de Dennis Glanz :

« Si vous passez votre temps à chasser les papillons, ils partiront. Mais si vous passez votre temps à faire un magnifique jardin ; les papillons viendront vers vous. Nous attirons sur ce que nous sommes et pas sur ce que nous voulons. Ne chasse pas mais attire. »

Si tu es solaire, sympathique, à l'écoute c'est-à-dire dans l'instant présent alors la relation aux autres sera grandement optimisée mais il ne faut pas oublier cette autre idée ci-dessus : fais de ton jardin un endroit où les gens veulent venir se promener. Cultive-le et prends-en soin. On verra d'ailleurs plus loin l'idée d'un égoïsme positif. Cela me fait penser aussi à un passage de Michèle Laroque sur une radio qui disait fort justement :

« La première histoire d'amour à vivre ; c'est soi avec soi et apprendre à s'aimer. Je ne vois pas comment on peut aimer quelqu'un quand on ne s'aime pas soi. C'est le travail d'une vie. Quand vous ne vous aimez pas vous allez chercher dans le regard de l'autre la valeur que vous avez. Ce n'est pas de l'amour c'est plutôt "alors comment tu me trouves ? Tu m'aimes vraiment ?" Alors que quand on s'aime, on est capable de voir les qualités de quelqu'un. De ne pas le juger. »

On en revient à l'idée abordée en début du livre de penser aussi à soi quand on doit citer trois personnes que l'on aime.

On peut aussi citer à nouveau Boucar Diouf et les proverbes de son grand-père :

« Voilà ce que disait mon grand-père : On est maître de sa parole avant de la prononcer mais on va devenir l'esclave une fois qu'elle a quitté notre bouche. Le mensonge a beau faire deux semaines de route, la vérité la rattrape en une journée. La vérité est comme du piment, elle pique les yeux mais ne les crève pas. »

Ou enfin : « La mauvaise parole adressée à l'endroit de quelqu'un est comme une lance plantée dans le tronc d'un arbre. On a beau soigneusement essayer de la retirer, elle laisse une plaie qui prend beaucoup de temps à se refermer. »

Toutes ces phrases sont tellement justes.

Autre source de Vinh Quang Giang, souvent cité dans ce livre. Voilà ce qu'il dit, il appelle cela la meilleure technique de conversation **« YES AND »** :

« Si quelqu'un vous dit : Écoutez votre produit est trop cher. Répondre **« OUI ET. »** Comme par exemple : **OUI ET** la raison est que nous avons mis beaucoup d'argent dans les brevets, la recherche... À chaque fois que tu utilises **« OUI MAIS »** tu es dans une situation négative. Le **« OUI ET »** oriente la situation positive dans une direction positive. La plupart des gens disent **« OUI MAIS. »** Quand tu dis « **« OUI MAIS** tu nies tes pensées. Lorsque vous dites **« OUI ET »** vous construisez sur leurs pensées. Toujours dans le sens positif, peu importe ce que vous me dites. Exemple : j'ai décidé de ne pas vous suivre et vous acheter ce produit. **« OUI ET »** j'aimerais savoir pourquoi. Toujours être positif. C'est un modèle de langage très puissant. »

Je me rappelle aussi avoir lu dans un livre un passage intéressant sur comment réagir face à une situation qui nous dérange. Dans le livre l'exemple était le cas d'une personne qui était au restaurant. Il demande un steak et ce steak arrive trop cuit.

Il y a dans ce cas-là 3 réactions possibles. On est là complètement dans la gestion de son émotion. Déjà vu avant mais là avec un exemple concret.

La première réaction : Appelez le serveur et ne pas être content. Dans ce cas-là vous faites monter votre colère inutilement car vous ne savez pas la raison de ce problème et vous vous emportez avant de savoir.

La deuxième réaction : Est de ne rien dire. Cela dit vous allez être dans ce cas-là dans la frustration et il n'y a pas de raison d'être dans cette situation quand vous allez au restaurant pour passer un bon moment.

La troisième réaction est celle à faire. C'est d'appeler le serveur est de lui dire poliment « Monsieur je suis vraiment désolé ; je viens au restaurant pour passer un bon moment et malheureusement la viande que j'ai commandée est beaucoup trop cuite ». À 99 % le serveur s'excusera et vous dira pas de souci je m'occupe de vous.

On en revient à l'histoire des NON de Laurent Gounelle. On l'a vu qu'il est rare d'en obtenir.

Je dois avouer que cette situation m'est déjà arrivée dans un restaurant pour un plat qui était extrêmement salé voire immangeable. Je ne l'ai d'ailleurs pas fini. J'ai ce jour-là opté pour la situation 2 en étant frustré pendant tout le repas. En partant et au moment de payer, quand la personne à la caisse dit très souvent « tout s'est bien passé ? » j'ai osé mais trop tard lui dire mon problème avec le plat du jour. Il m'a bien évidemment répondu : « Aïe cela a dû être une erreur de notre chef, mais pourquoi vous ne nous l'avez pas dit ? » Je me suis senti bête de n'avoir rien dit avant.

Il ne faut donc pas hésiter à dire les choses avec politesse. C'est la base de la communication. On est dans un restaurant pour passer un bon moment, s'il y a un problème il faut le dire.

Cette histoire me fait penser à une émission qui s'appelait Cam Clash sur la 5.

L'idée était la suivante : analyser la réaction d'un groupe d'individus qui ne se connaissent pas dans un lieu public. L'idée était de créer une situation volontairement gênante. Je m'explique avec un exemple : une dame plutôt obèse est dans un restaurant et commande un burger. Je précise que cette dame est une comédienne et qu'il y a des caméras cachées pour voir la réaction des gens. À côté de cette dame ou un peu espacés pour qu'ils puissent parler un peu fort il y a deux jeunes (acteurs aussi) qui vont pour le besoin de la scène être désagréables avec cette dame en disant par exemple : « *Mais madame comment pouvez-vous commander un burger avec le poids que vous faites…* » Ils insistent dans leur réprimande pour mettre en place une situation gênante. Et bien souvent personne n'intervient !!! Mais et c'est la que cela devient intéressant si une personne se met à réagir, alors cela crée une sorte de vague et d'autres personnes suivront. Cette première réaction est donc très importante. Il se crée une sorte de solidarité et d'entraide à la réaction. Les gens qui n'osaient pas osent suivre. Cela crée un groupe de réaction de gens qui à plusieurs se sentent plus confiants et plus forts.

Mon idée en rapport à cet exemple est de dire que s'il y a avait eu dans ce restaurant une pancarte où il aurait été noté « **S'il y a une situation gênante vous devez agir** », je suis sûr qu'a 90 % les gens auraient réagi car on les met devant leurs responsabilités et ils ne peuvent pas dire qu'ils ne savaient pas. Souvent on s'aperçoit qu'il y a une fuite des gens et ils font comme s'ils n'avaient rien vu ou entendu. Et cette affiche agirait déjà dans le subconscient des gens. Même s'il n'y a pas de situation gênante le message de la pancarte s'est affiché dans le subconscient du cerveau et le cerveau est préparé à intervenir car prévenu si besoin. On en revient à la phrase d'Einstein « le monde est difficile à vivre non tant par ceux qui font du mal mais par ceux qui laissent faire ». C'est tout à fait l'exemple. Et le fait de l'inscrire dans le cerveau est une étape cruciale pour que les gens réagissent et donc ne laissent pas faire.

Tout cela pour dire qu'il serait à mon sens judicieux par exemple dans les transports publics de mettre des panneaux du style « En cas d'agression soyez solidaire » pour mettre en éveil le subconscient des gens et qu'ils soient en alerte pour réagir (une sorte de pré-programmation).

Pareillement pour le harcèlement scolaire en mettant des affiches pour que les enfants soient programmés pour réagir et essayer de les responsabiliser en leur disant « Si vous ne le dites pas vous pouvez être complice d'un drame ».

Faire donc comprendre que la société ne doit pas fuir ses responsabilités et doit s'entraider. J'ai entendu d'ailleurs qu'une association avait placé dans des écoles des boîtes aux lettres pour que les enfants y laissent des mots voire des alertes. Ce qui est une très bonne initiative.

Pour continuer, autres astuces que j'avais relevées et que je trouvais intéressantes dans nos relations aux autres, la source s'intitule « **Comment complimenter quelqu'un de façon particulière** ». Il y a nous dit-elle 3 ingrédients :

1) Le faire très spécifiquement : donner le prénom. Cela réchauffe l'atmosphère et cela fait toujours plaisir.

2) Ajouter une introduction du style : « Je n'ai pas l'habitude de dire cela mais je dois te dire que... » ou « Je n'ai pas l'habitude de complimenter mais... ». Cela rend la situation plus personnelle.

3) Cela va vous sembler un peu bizarre mais mettre une sorte de légère insulte comme :

« Tu peux vraiment m'énerver parfois mais tu es toujours la personne la plus intelligente que je connaisse. »

La combinaison du chaud et du froid rend le message plus puissant.

Pour continuer sur la communication orale, il y a aussi quelques idées sur comment communiquer. En communication orale il y a aussi un principe tout bête que Périclès traduisait ainsi :

« Celui qui a des idées et ne sait pas les exprimer n'est pas plus avancé que celui qui n'en a pas. »

Ne parle-t-on pas d'art oratoire ? Il y a des gens que j'envie car ils ont ce talent de savoir faire passer une idée ou un message avec clarté et quelquefois avec un supplément d'âme. Je vous conseille vivement de voir cette vidéo du discours d'Emmanuel Faber en 2016 devant les élèves de HEC. Un discours magnifiquement limpide et clair. Neuf minutes de pur bonheur. La communication devant une assemblée devrait d'ailleurs être plus souvent apprise aux gens car peu de monde sait parler en public. J'en parle en connaissance de cause.

Il y a d'ailleurs une méthode intéressante sur la puissance des pauses dans un discours venant encore une fois de Vinh Quang Giang. Il nous dit ceci :

3 raisons de faire une pause lorsque vous parlez. 3 raisons puissantes.

1) La pause donne aux gens le temps de traiter ce que vous avez dit pour qu'ils puissent suivre.

2) La pause met en évidence ce que vous venez de dire comme étant important. C'est une façon de marquer l'information après quelque chose d'important.

3) La pause supprime vos non-mots et les mots de remplissage. Les « euh » et autres sons d'hésitation.

Ne pas avoir peur donc de « pauser ».

Un autre exemple est l'étude d'un débat de Nicolas Sarkozy dont personne ne contestera son talent oratoire. Ce sont 2 astuces de Nicolas Sarkozy diaboliquement efficaces pour prendre le contrôle d'une situation :

Première astuce pour répondre à une question embarrassante : l'idée est de retourner la situation à son avantage.

« *Pardon je vais bien sûr répondre à votre question ; qui est très importante...* » D'abord ce n'est pas la question de (question de votre interlocuteur) ; la vraie question c'est : (et là vous placez la vôtre) ; celle qui va dans votre sens.

Deuxième astuce. Utilisez un geste d'interruption pour éviter d'être interrompu par l'autre personne. Ce geste, c'est comme un signal stop. Vous êtes en train de parler et une personne dit quelque chose. Elle vous interrompt et là vous faites un geste d'interruption en disant « *Attendez une minute* », « *Attendez une seconde* » ou « *Laissez-moi finir s'il vous plaît* ».

Il y a d'ailleurs sur Internet des passages amusants de Jean Amadou qui se moque des politiciens en montrant habilement comment ils arrivent à esquiver une phrase ou à la renvoyer.

Voici une autre source que je trouve assez complète. Source jeremteach **« 5 astuces pour répondre poliment »**.

Voici les 5 astuces pour riposter et garder ton sang-froid lors d'un conflit :

1) L'autodérision

Par exemple une personne te dit « Toi tu es quelqu'un de susceptible ». Tu lui réponds « oui je sais et d'ailleurs j'en fais baver à pas mal de gens ». Tu casses la personne dans son élan et tu acceptes ton défaut.

2) L'effet boomerang

Imaginons que quelqu'un te traite d'« incapable ». Tu peux répondre « vous en tant que (...) vous êtes incapable de me motiver ». Subtilement tu renvoies la critique.

3) Le compliment

Imagine que quelqu'un te dise « Tu es mal habillé ». Tu réponds « désolé je m'inspire des meilleurs c'est-à-dire vous ». Tu renvoies la critique et tu fais un compliment en même temps.

4) La vérité

Imaginons que le professeur dise « Ce n'est jamais à toi que je vais confier une responsabilité ». Tu peux répondre « Cela tombe bien je n'en avais aucunement envie ; vous me rendez un service ».

5) La pirouette

Si quelqu'un commence à t'incendier ou à péter un câble, tu peux répondre : « Vous êtes pas là pour faire cours au lieu de me descendre » ou « Je ne pense pas que notre conflit intéresse les autres ».

Cela me fait penser à quelque chose que j'ai pu expérimenter au volant de ma voiture sur les relations humaines. En effet n'avez-vous jamais remarqué que lorsqu'un autre conducteur fait une faute de conduite face à vous comme un refus de priorité, si votre réaction est de l'engueuler il réagira à 95% par une réponse énervée. A contrario si vous regardez la personne avec un large sourire qui lui fait prendre conscience de son erreur. Eh bien, dans ce cas-là, il réagira complètement différemment et très souvent vous verrez une gêne chez lui. Cela montre une nouvelle fois l'importance de la psychologie dans nos relations humaines et aussi que certaines réactions permettent de désamorcer des tensions.

On pourrait aussi parler de l'importance de l'humour dans nos relations humaines.

« Là où l'humour est partagé, l'amitié n'est pas loin. »

Si important par exemple dans les moments conflictuels, de négociations ou simplement un peu tendus. Toutefois l'humour doit savoir être manié habilement car il peut être à double tranchant.

Il me vient l'histoire que mon père m'avait racontée sur un de ses amis qui était vraiment très drôle et que j'ai eu la chance de connaître. Cet homme avait eu 100 vies, de la richesse à la prison. Il était pétillant et plein d'histoires. Et en voici une :

Il était à Londres pour affaires. Il logeait au même hôtel que son important client anglais. Les deux hommes étaient ensemble pour un verre et attendaient leurs compagnes respectives qui prenaient plus de temps à se préparer. Le client anglais n'était pas si sympathique et l'ami de mon père toujours plein d'humour pour détendre l'atmosphère voyant descendre de l'escalier principal une femme peu distinguée et pas vraiment jolie dit à son client : « It is my wife !!! » Et à ce moment-là le client anglais répond « No it is mine » !!!! Et pour corser le tout, trois minutes plus tard, la femme de l'ami de mon père arrive et c'était en plus une ravissante femme !!! Je ne sais pas comment s'est passée la suite de la soirée mais les affaires étaient mal engagées !!!

Winston Churchill plein d'esprit utilisait beaucoup l'arme de l'humour. Voici 2 bons mots du vieux lion :

Au parlement Winston Churchill entend 2 hommes discuter derrière son dos à son sujet. « Il paraît que le vieux devient gaga. » Sans même se retourner Churchill répond : « Il paraît même qu'il devient sourd. »

Autre histoire de Winston Churchill :

Lors d'un repas, il est assis à côté d'une dame qui ne l'appréciait guère. Cette dame Lady Astor lui dit à un moment : « Monsieur Churchill si j'étais votre femme, je verserais du poison dans votre café. »

Churchill répondant à cela : « Moi madame si j'étais votre mari je le boirais. »

L'humour donc bien utilisé est une vraie arme ; voire une façon parfaite d'assouplir une situation tendue.

On pourrait aussi parler de tout autre chose dans la communication verbale mais qui a son importance. Je veux parler de l'articulation ; cela paraît bête et cela va vous paraître bizarre mais la diction a son importance et cela se travaille aussi. Tout est travail.

La source provient de Karine Dijoud et s'intitule **« Pour mieux articuler »**. Elle nous donne 5 phrases pour mieux articuler et pour avoir une bonne élocution :

« Seize chaises sèchent chez ce cher Serge.

Didon dîna dit-on du dos d'un dodu dindon.

Les chaussettes de l'archiduchesse sont-elles sèches, archi sèches ?

Gros gras grain d'orge, quand te dé-gros-gras-grain d'orgeras-tu ? Je me dé-gros-gras-grain-d'orgerai quand tous les gros gras grains d'orge se seront dé-gros-gras-grain-d'orgés.

Je veux et j'exige d'exquises excuses. »

Le secret est de répéter souvent ces phrases. Très utile pour avoir une bonne élocution, conclut-elle.

Il est aussi bon d'effectuer des exercices pour muscler sa voix voire trouver sa propre voix car la voix n'est pas quelque chose de naturel. Sa voix d'aujourd'hui est le résultat de son passé, de son histoire. Des gens sensibles et timides auront une voix plus douce que des gens très extravertis. Cela se travaille aussi.

C'est encore une fois Vinh Quang Giang qui nous en parle dans une source intitulée **« How to develop a more powerful voice »**.

Si je te demande comment muscler tes biceps tu sais le faire ; si je te demande comment muscler ta voix tu ne le sais pas et pourtant c'est un des instruments les plus importants de notre vie. **Jamais on ne nous enseigne comment muscler la voix.** Il y a pourtant des astuces pour muscler ses cordes vocales et pour avoir une voix plus puissante.

Je vous conseille d'aller fouiner des vidéos de Vinh Quang Giang si cela vous intéresse. D'ailleurs dans une autre vidéo il parle aussi de l'importance de la tonalité de sa voix. Ici nous abordons plus une communication paraverbale. Elle est aussi très importante. Si vous parlez de façon monotone votre message sera moins puissant. Il précise que la tonalité passe aussi par la gestuelle. Son exemple est le suivant :

« Je vous demande de répéter la phrase suivante à voix haute. « I dare you to big dream. » Maintenant je vous demande de dire la même chose mais sur le mot « you ». Je vous demande de pointer votre doigt et quand vous dites le mot « big » je vous demande de le dire en utilisant votre gestuelle en écartant exagérément les bras pour signifier le mot « big ». Qu'est-ce qui est arrivé à votre voix quand vous l'avez dit la deuxième fois ? Elle a changé ou du moins sa TONALITÉ. Votre voix est connectée à votre corps et votre corps est connecté à votre voix. La voix monotone vient d'un corps monotone. »

D'où l'importance de bouger son corps pour donner de la vie à sa voix.

À ce sujet pour des gens introvertis trois conseils à mettre en pratique facilement et immédiatement dans votre communication :

1) Maintenir un regard visuel. Savoir regarder la personne en face dans les yeux. Ne pas fuir le regard.

2) Augmenter le volume de sa voix. Ne pas parler tout doucement et timidement.

3) Faire des gestes plus larges. C'est plus du non verbal mais cela aide aussi. On se sentira moins enfermé. Permet de prendre plus d'espace.

Voici pour continuer deux nouveaux exemples de Sixtine Moullé Berteaux **« La meilleure astuce pour aborder quelqu'un »**.

« Voici le conseil qui marche à 100 % pour aborder une personne à un événement ou à une soirée. Tu vas voir la personne, tu la regardes dans les yeux et tu lui dis : « Salut on n'a pas été présentés je m'appelle (Sixtine) et toi ? » C'est très fort parce que premièrement cela donne l'impression à la personne que tu connais suffisamment de personnes dans la soirée pour être capable de lui parler comme cela et renvoie également une image de quelqu'un qui a extrêmement confiance en soi surtout quand les gens entendent votre propre prénom sorti de votre propre bouche d'une manière affirmée, ça donne tout de suite l'impression que vous savez ce que vous dites et que vous avez totalement confiance en vous. »

Elle nous dit aussi :

« Il existe une manière de faire ressortir un message complètement différemment avec la même phrase. L'ordre des mots compte. « Cette personne est très compétente mais cela lui arrive d'être en retard » ou « Malgré le fait que cette personne s'énerve beaucoup elle est adorable ». On va les 2 fois retenir la fin. Donc important quand vous voulez absolument que quelqu'un retienne quelque chose de votre échange, terminez par ce que vous voulez que la personne retienne en termes d'émotion et de ressenti. »

Elle nous parle aussi d'une autre idée qui est **l'effet mirroring.**

« Le concept est de répéter les derniers mots de la personne en face de toi et de les réutiliser ensuite dans l'explication que tu as à lui donner. Si quelqu'un vous dit « j'adore ton pull », « Eh bien, si tu adores mon pull voilà où je l'ai acheté. » Au lieu de lui répondre juste « Eh bien, je l'ai acheté à tel endroit ». En répétant ce que la personne a dit, cela montre que l'on s'intéresse vraiment à ce que la personne te dit et cela montre que tu lui portes de l'intérêt. »

Dans notre communication orale j'aime bien aussi utiliser quelquefois cette idée d'introduction avec la phrase ci-dessous d'Oscar Wilde avant de poser une question qui peut être embarrassante.

> *« Les questions ne sont jamais indiscrètes.*
> *Les réponses le sont parfois ».*

En effet tant que l'on n'a pas donné la réponse ; la question n'est pas si indiscrète. Si la personne y répond alors oui on peut entrer dans l'indiscrétion mais pas avant. Donc c'est mon conseil ; lorsque l'on n'ose pas poser la question il est bien en préambule d'amener cette phrase qui en d'autres termes dit : « Vous n'êtes surtout pas obligé de me répondre et surtout je ne veux pas vous offenser. »

Pour finir sur cette communication verbale je me dois de parler du livre de Miguel Ruiz avec les **5 accords toltèques.**

L'auteur propose de passer avec soi-même 5 accords visant à briser nos croyances. Celles que nous développons depuis l'enfance qui distordent la réalité et nous maintiennent dans la souffrance. Ces cinq accords sont en quelque sorte un code de conduite qui permet d'appréhender le monde sereinement et plus sainement. Ce sont des mantras pleins de bon sens mais surtout d'une très grande puissance.

1. **Que votre parole soit impeccable** : cela signifie parler avec intégrité, dire ce que vous pensez réellement et éviter de dire des choses qui peuvent blesser les autres. Par exemple, au lieu de critiquer quelqu'un de manière méchante, vous pourriez exprimer vos préoccupations de manière constructive. N'a-t-on pas tous souffert un jour d'une réflexion d'un professeur qui nous a dit que « l'on ne comprenait rien » et que l'on a porté pendant longtemps en soi ce reproche.

2. **N'en faites jamais une affaire personnelle** : ne prenez pas les actions ou les paroles des autres comme une attaque personnelle. Par exemple, si quelqu'un est de mauvaise humeur et vous traite abruptement, au lieu de penser qu'il vous vise spécifiquement, reconnaissez que cela pourrait être lié à ses propres problèmes et ne le prenez pas personnellement. Ne gagne-t-on pas énormément en liberté lorsque le regard de l'autre nous importe peu ?

3. **Ne faites pas de suppositions** : évitez de tirer des conclusions hâtives sans avoir toutes les informations nécessaires. Par exemple, si quelqu'un ne répond pas à vos messages, ne présumez pas qu'il vous ignore délibérément. Il pourrait simplement être occupé ou avoir des problèmes personnels.

Le problème est qu'à force de faire des suppositions nous finissons par les croire. Pour empêcher cela il faut oser poser des questions pour éloigner les suppositions.

4. **Faites toujours de votre mieux** : engagez-vous à donner le meilleur de vous-même dans toutes les situations, mais sans vous juger si vous ne parvenez pas à atteindre la perfection. Par exemple, si vous avez un projet à accomplir, donnez-y tout votre effort, mais soyez indulgent envers vous-même si vous ne parvenez pas à tout faire parfaitement.

5. **Soyez sceptique, mais apprenez à écouter** : remettez en question les croyances et les idées que vous rencontrez, mais soyez également ouvert à écouter les perspectives des autres. Par exemple, lorsque vous discutez d'un sujet controversé, soyez prêt à remettre en question vos propres opinions tout en écoutant attentivement celles des autres.

Ces cinq accords ont été ou seront abordés de façon différente dans ce livre. Ils devaient être en tout cas à un moment cités. C'est fait.

Nous avons donc vu pas mal d'exemples sur la communication verbale. On va regarder maintenant quelques conseils que j'ai trouvés sur la communication non verbale et paraverbale.

Je précise en écrivant « que j'ai trouvés » car il y aurait bien d'autres exemples certainement à citer et peut-être bien plus intéressants. Mais je l'écris à nouveau ce livre donne des pistes en tentant d'avoir un fil conducteur. C'est après à vous d'arroser votre « arbre de vie » avec de nouvelles choses. Nous allons pour commencer parler de charisme et de posture. Ma source est une étude Harvard scientifiquement prouvée. On appelle cela la puissance de la posture **« power postures »** : Si vous vous tenez pendant 2 minutes droit comme si vous étiez superman ou superwoman ou mains derrière la nuque en bombant le torse cela augmente littéralement votre testostérone de 20 % et cela fait baisser le cortisol de 18% qui est l'hormone du stress et cela augmente de 33 % l'envie d'avoir une attitude plus risquée.

J'avais vu aussi un passage sur internet de Christopher Maxwell qui disait ceci :

« Beaucoup de gens pensent que le charisme est une personnalité. Le charisme n'est pas une personnalité mais un état d'esprit (mindset). Je vais vous expliquer la différence. Deux personnes peuvent marcher dans une pièce. La première personne va marcher dans la pièce avec confiance mais en ne pensant qu'à elle. Elle manque de charisme et surtout d'empathie. L'autre personne entre dans la même pièce et dira : « je suis tellement content d'être avec vous aujourd'hui j'attendais ce moment ». Cette personne a du charisme. »

Vous développerez du charisme quand vous mettrez l'autre personne en premier dans votre vie.

S'intéresser à l'autre (nous l'avons déjà vu avec Dale Carnegie) est une chose fondamentale mais il y a aussi d'autres astuces pour créer ce charisme. Nouvelle source internet intitulée : **« Comment devenir charismatique » ?** avec 3 exemples. Cette source vient de Show Nemoto qui nous dit :

« Voici le secret pour devenir charismatique tout de suite. Il faut changer le comportement de son corps. Cela affecte directement la chimie de ton cerveau. Ce qui signifie que cela change ce que tu penses et ce que tu ressens. La clé c'est **S.O.G** (un acronyme) **SLOW OPEN GROUNDED :**

Slow : Bouge plus doucement que ce que tu fais d'habitude.

Open : Ouvre ton corps (bombe le torse) plutôt que l'inverse (qui est d'être dans une position renfermée sur soi.)

Be grounded : Soyez ancré ; soyez présent et regardez autour de vous. »

Et il conclut en disant : « Pratique ces 3 éléments et regarde ce qui arrive. »

La deuxième source vient de David Laroche **« l'art d'être magnétique ».**

Trois paradoxes que tu peux appliquer dès maintenant pour devenir magnétique. Depuis l'Antiquité il y a un super pouvoir qui rend beaucoup de choses possibles : la capacité à t'exprimer à l'oral. Quand on pense à un bon communicant, on pense à quelqu'un qui sait s'exprimer, qui sait parler.

1) **Premier paradoxe** : l'art d'être attractif est de savoir utiliser les « silences ». Dans un silence tu crées une tension qui capte l'attention.

2) **Deuxième paradoxe** : c'est d'alterner des moments d'autorité et des moments de vulnérabilités qui nous rendent plus humains. Le combo des deux est extrêmement attractif. L'autorité te rend crédible mais peut te rendre détestable. La vulnérabilité te rend humain mais peut faire de toi un loser. Alterne donc entre autorité et vulnérabilité.

3) **Le troisième paradoxe** est que l'on pense que pour capter l'attention il faut parler extrêmement fort mais que parfois le fait

de baisser sa voix capte davantage l'attention. Le paradoxe c'est d'alterner. Si je ne fais que monter la voix je vais fatiguer, si je baisse trop la voix j'endors, mais le mélange des deux est magnétique.

Autre source celle de Sixtine Moulle Berteaux intitulée **« Astuce de charisme essentielle à connaître ».**

« On m'a fait semaine dernière une démonstration incroyable de charisme. Parce que cette personne-là a un type de charisme qui marche incroyablement bien sur les gens. Dès que je sortais un argument un peu plus féroce, un peu plus pointu ; la personne mettait une, deux, trois voire cinq secondes avant de me répondre de manière très calme. Justement cela crée beaucoup de tension à la discussion car tu t'attendais à ce que la personne réponde assez rapidement car tu commençais à la titiller. Or là, la personne te surprend en prenant du temps et en utilisant le silence comme une arme. C'est hyper puissant. De la sentir posée et mesurée cela la rendait aussi très mature. Cela peut vous servir dans la vie de tous les jours car cela vous rendra beaucoup plus charismatique pour les gens en face de vous si en plus vous la regardez droit dans les yeux en étant souriant et en mettant du temps pour répondre. »

On revient donc toujours aux mêmes thèmes qui font partie du **feuillage** de notre arbre de vie : positivité (bien sûr), confiance (déjà vu plus tôt), sans doute respiration, sourire, posture…

Mon dernier exemple sera celui de Jim Curtis. Il dit un peu ce qui a été dit ci-dessus. Il dit que le charisme c'est un **« état d'être. »** :

« Faites attention lorsque vous êtes présent et faites attention aux gens et si vous semblez intéressé par eux, ils s'intéresseront à vous. Établissez un contact visuel doux, je veux dire, ne regardez pas quelqu'un, mais n'hésitez pas à établir un contact visuel. Écoutez simplement davantage pour avoir un impact. »

Voilà donc quelques exemples sur l'idée du « charisme. »

Pour continuer dans la communication non verbale et paraverbale, il y a aussi une attitude que notre président Macron utilise énormément. Cette attitude est le fait de toucher son interlocuteur. Le contact physique est une technique connue pour mettre en confiance son interlocuteur.

Voilà donc quelques conseils et astuces que j'ai pu voir sur Internet sur la communication verbale, non verbale et paraverbale.

Je finirai ce chapitre par une citation que j'aime bien car elle amène une notion de psychologie dans les relations humaines non abordée ou citée mais toutefois bien présente :

« L'art de persuader consiste autant en celui d'agréer
qu'en celui de convaincre,
tant les hommes se gouvernent plus par caprice
que par raison. »

Blaise Pascal

Tellement juste. Je me rappelle d'ailleurs les propos du père d'un ami (tous 2 avocats) qui m'avait dit un jour que lorsqu'il voulait faire passer une idée à un client, il faisait en sorte que son client pense que cette idée venait de lui.

Blaise Pascal disait aussi une autre belle phrase qui a un fort rapport avec nos relations humaines :

« *Le mensonge le plus compliqué est encore plus simple que la vérité.* »

Je vous laisse réfléchir à cela mais pour moi cela me paraît aussi très juste. En effet la vérité nous paraît tellement impossible à dire, qu'un mensonge, même extravagant ou farfelu nous paraît encore plus simple à dire que cette vérité.

J'aimerais enfin clore ce chapitre sur une communication qui peut être dirigée. C'est-à-dire que l'on nous dirige sans le savoir vers où la personne veut aller. Certaines personnes utilisent avec talent cette force de communication en réunissant fort habilement les trois notions.

Je pense d'ailleurs en écrivant cela à une personne qui a forcément ce talent et qui malheureusement l'a utilisé en dupant les gens. Cette personne s'appelle Christophe Rocancourt ou l'escroc des stars. Il a de toute évidence un don de communication pour avoir fait accepter ce qu'il a fait accepter aux gens !!! D'ailleurs un jour dans une interview chez Thierry Ardisson lorsqu'on lui demandait qu'est-ce qui vous a le plus amusé ou étonné dans la vie, il répondait « *La connerie humaine* ».

Ce sont des personnes qui ont des techniques incroyables de communication. On pourrait d'ailleurs aussi parler des mentalistes.

Il me vient en tête ce petit exercice qui montre que l'on peut être dirigé sans s'en apercevoir. Voici cet exercice.

Choisissez un chiffre de 1 à 9. Le multiplier par 9. Si vous avez choisi 8 cela fera 8 x 9 : 72. Puis additionner les deux chiffres du nombre. En l'occurrence 7+2 : 9. Soustraire 5 à ce chiffre. Si je vous dis que 1 = A que 2 = B... 9-5 = 4 donc D. Sur ce je vous demande de choisir un pays commençant par cette lettre. Je vous demande ensuite de prendre la quatrième lettre du pays et de penser à un animal. Puis au final je vous demande de penser à une couleur. À cela le pseudo-mentaliste que je suis vous dira : « Votre pays est le Danemark ; l'animal est l'éléphant et enfin la couleur est le gris. »

En fait, sans le savoir on a été amené à ces trois mots. En effet avec la table de 9 on arrive toujours en additionnant les 2 chiffres à 9 : 2 x 9= 18, 1+ 8 = 9 ou 5 x 9 = 45, et 4+5=9 .... Et par la suite il y a peu de pays commençant par D et peu d'animaux commençant par E, donc on dirige la discussion. On l'amène où l'on souhaite l'amener. Le seul risque est la couleur mais le fait de penser à un éléphant fait généralement penser au gris.

Cet exemple est ludique mais de vrais mentalistes de la communication peuvent vous faire faire beaucoup de choses en utilisant ce que j'appelle une « communication dirigée ». Nous ne parlerons pas de l'hypnose qui est un autre sujet.

On peut donc être dirigé sans le savoir et si la personne est malveillante, être dupé. On le voit de plus en plus sur Internet où des « brouteurs » souvent installés en Afrique arrivent à extirper de l'argent à des personnes vulnérables sentimentalement cherchant à tout prix l'amour. Même dupées, elles ne veulent quelquefois pas admettre le piège et veulent rester dans cette fausse histoire car celle-ci les a sorties sans doute de leur quotidien.

Passons maintenant à un sous-thème qui est l'information et l'actualité.

L'information et l'actualité

On a donc vu quelques astuces sur la communication verbale, non verbale et paraverbale afin de mieux communiquer. Que dire sur l'information ou les informations ? Et aussi sur la notion d'actualité. Quelle serait la définition des deux ?

La pertinence et l'utilité de l'information dépendent souvent du contexte et des besoins spécifiques de l'individu ou de l'organisation. Ce qui peut être considéré comme très utile pour une personne peut ne pas l'être autant pour une autre. Par exemple, une information pertinente pour un étudiant en médecine peut ne pas être aussi utile pour un ingénieur en génie civil. Cependant, certaines informations peuvent avoir une valeur universelle et être considérées comme plus précieuses en raison de leur pertinence pour un large éventail de personnes ou de situations.

Par exemple pour une information à valeur universelle on pourrait dire : « L'eau bout à 100 degrés. »

Et pour ce qui est de l'actualité ?

L'information est un ensemble de faits, de données ou de connaissances, tandis que l'actualité se réfère spécifiquement aux événements récents ou aux nouvelles en cours. En d'autres termes, l'actualité est une partie de l'information qui se concentre sur ce qui se passe dans le monde en ce moment, tandis que l'information peut également inclure des faits ou des connaissances plus larges et intemporels.

Vous avez compris que j'aimerais parler brièvement de cette partie de l'information que l'on appelle l'actualité, car celle-ci est devenue ultra présente dans nos sociétés. Je dirais même bien trop présente. Cette partie de l'information qui malheureusement est très et trop souvent anxiogène.

Prenons l'exemple des chaînes d'infos qui n'arrêtent pas de livrer leurs informations souvent ramenées à l'actualité et qui quelquefois sont plus du fait divers que de l'information. Cela sans doute pour chercher l'audimat !!!

Cette information qui nous est quasi imposée est tellement présente (comme l'idée que nous devenons ce que nous pensons) qu'elle en devient dans notre esprit une vérité et transforme notre pensée et aussi notre vision des choses.

Je pense au pouvoir de la répétition. Je pense en effet que les médias peuvent avoir un vrai rôle pour conditionner notre pensée. Prenons par exemple une chaîne d'info comme LCI qui parle depuis des mois énormément de la guerre en Ukraine. Cela beaucoup plus que d'autres chaînes. Si vous n'écoutez que ce canal, et souvent, alors la guerre en Ukraine et ses conséquences seront très présentes dans votre tête. Beaucoup moins si votre canal d'information est un autre média.

Je suis convaincu que nous pouvons être facilement conditionnés et pour cela je vais vous donner un exemple simple. C'était un test où l'on présentait le même plat mais de façons différentes. La première présentation était parfaite et dans un très beau lieu. Le plat était donc très joliment proposé... les personnes qui devaient noter le plat mettaient à 90 % une très bonne note. On prenait exactement le même plat qui cette fois-ci était sorti d'une boîte de conserve et mal proposé dans un cadre « cheap » et comme vous imaginez la note du plat était alors mauvaise. Notre esprit a été conditionné par cette mise en scène. Autre exemple personnel tout bête ; je mangeais des rillettes de la marque Carrefour récemment chez moi et je disais à ma femme qu'elles étaient délicieuses et si elles étaient servies dans un très bon restaurant je suis certain que 8 fois sur 10 les clients seraient ravis de ces rillettes. Même chose si on vous présente une personne en vous disant alors que ce n'est pas le cas qu'elle est brillante, sort forcément de l'école HEC ; dirige une boîte de 300 personnes ; fait ceci cela…. Sans avoir encore discuté avec elle, on est déjà conditionné en se répétant son curriculum vitae, à penser qu'elle est certainement très impressionnante et intéressante. Eh bien ! sachez que c'est la même chose avec nous-mêmes et notre intérieur. Si on pense du bien de nous-mêmes, cela produira les mêmes effets. Encore une fois ne faut-il pas plutôt bien penser de soi que mal !!!!

Je me rappelle aussi avoir écouté une vidéo sur un sage bouddhiste sur cette idée de répétition interne et son importance et qui disait que **« *le but était que ton corps et ton esprit deviennent plus résistants, plus forts, plus détendus à la même situation.* »** Cela à force de se le répéter. Nous sommes là dans une répétition saine, voulue et non imposée.

N'a-t-on pas parlé plus tôt de « muscle » pour le travail mais aussi pour nos émotions comme la joie, la gratitude et inversement pour la tristesse et la colère ?

Il faut donc une nouvelle fois penser positif et pratiquer comme disait Gurudev la joie plutôt que la tristesse et faire du fitness neuro-émotionnel comme l'a suggéré Astrid Deballon en allant puiser des souvenirs de joie dans son passé et faire cette pratique tous les jours avec l'importance de faire une connexion entre ton corps et ton subconscient.

Pour continuer sur l'idée d'information, il y a aussi ce danger de l'information quand elle veut conditionner à tout prix les foules. On l'a vu pour le COVID. J'en profite pour citer cette phrase :

> *« L'information s'étant développée plus vite que la culture, la propagande a toutes les chances de triompher »*

disait Georges Brassens.

Et l'on pourrait rajouter cette citation de John Cowper Powys qui dit :

> *« La culture a pour but de produire un esprit libre. »*

Les politiciens font aujourd'hui plus de com que de gestion car ils ont peur de cette surinformation et ne veulent pas se faire dépasser par elle. C'est donc à nous de savoir analyser cette information et de ne pas nous faire conditionner. Nous avons vu plus haut la force de certains pour nous influencer, il faut donc savoir se protéger.

Savoir déjà analyser si l'information est utile ou inutile. Cela me fait penser à cette histoire ci-dessous :

Un jour une personne vient voir Socrate et lui dit : « Tu sais ce que j'ai entendu sur ton ami ? » Et Socrate lui répond avant t'entendre l'information : « Je veux la passer à travers 3 filtres. Si à un de ses 3 filtres, tu réponds OUI alors j'écouterai ce que tu as à me dire.

—Est-ce que ce que tu as à me dire est **vrai** ?

— Ben je ne sais pas on m'a dit cela moi je répète.

— Est-ce que ce que tu as à me dire est **bon, positif** ?

— Ah non c'est plutôt le contraire.

— Est-ce que ce que tu as à me dire est **utile** ?

— Pas vraiment. »

Et Socrate dit : « Tu vois je n'ai même pas envie de savoir car si ce n'est ni vrai ni positif ni utile cela ne sert à rien que tu me le dises. »

Dans le même style il y a cette citation intéressante attribuée à Eleanor Roosevelt :

> « *Les grands esprits discutent des idées ;*
> *Les esprits moyens discutent des événements ;*
> *Les petits esprits discutent des personnes.* »

C'est pour ces deux passages ci-dessus que j'essaye de ne pas faire attention aux rumeurs et ragots et de parler le moins possible des gens.

Il y a aussi l'interprétation de l'information qui est intéressante avec l'histoire du train.

4 personnes se retrouvent dans le carré du milieu. Un gradé et son jeune subalterne et en face une nonne et sa jeune protégée. Il y a peu de discussion si ce n'est une attirance visible du jeune subalterne vers la jeune protégée. Le train à un moment passe sous un tunnel. Dans ce moment d'obscurité on entend un baiser et une gifle. Et c'est là que chaque protagoniste émet son interprétation.

– La jeune protégée se dit : « Le jeune subalterne m'a embrassée et ma supérieure l'a puni en le giflant en entendant cela. »

– La bonne sœur se dit : « Ma jeune protégée a été embrassée par le jeune subalterne et elle l'a bien évidemment giflé. »

Le gradé se dit : « Mon jeune subalterne a essayé d'embrasser la jeune protégée et la bonne sœur a cru que c'était moi et m'a giflé. »

Et enfin la vraie version, celle du jeune subalterne : « J'ai embrassé la jeune protégée et j'ai giflé mon supérieur. »

Tout ça pour dire que lorsque l'on n'a pas toutes les informations et que l'on est dans le flou, chacun peut échafauder son scénario et quelquefois se tromper.

Il y a d'ailleurs une phrase qui résume cela : « **Le mal est involontaire.** » On peut faire preuve de médisance auprès de quelqu'un car l'on n'a pas eu toutes les informations nécessaires pour avoir un bon jugement et l'on médit par manque d'information ; le mal est donc involontaire.

Il y a aussi concernant interprétation de l'information cette vidéo que j'avais vue sur Instagram :

Il est posé au sol d'une pièce un quadrillage de verre, puis on place une personne les yeux bandés d'un côté de la pièce et l'on demande à des personnes individuellement d'aider la personne aux yeux bandés à traverser la pièce.

Les premières personnes dirigent la personne aux yeux bandés à la voix et cela s'avère très compliqué. Puis arrive une personne qui demande si elle peut toucher la personne. Le superviseur lui dit : *« Comme je vous ai dit au départ vous pouvez faire ce que vous voulez le but est de l'aider à traverser sans qu'il renverse un verre. »* Quelle a été l'initiative de la personne ? Eh bien tout bêtement d'enlever le bandeau à la personne alors que personne n'y avait pensé.

Quelle est la morale de cette histoire ?

Une nouvelle fois que l'on est conditionné ou que l'on n'écoute pas assez le message et que nous nous conditionnons. Qui a dit que ce bandeau ne pouvait être enlevé ? Personne ; mais on l'a pensé tellement fortement que cela paraissait impossible. On n'a pas su écouter le message assez attentivement. Et cela arrive tellement souvent. Encore une fois nous ne sommes jamais assez dans l'instant présent. Je le vois pour moi. Je vais à une soirée, je rencontre des gens qui me disent leur prénom et une minute plus tard j'ai oublié car je ne les écoutais pas véritablement lorsqu'ils donnaient leur prénom, j'étais déjà dans le futur !!!

Dans cette partie « Relations humaines » j'aurais pu aussi parler de la communication via nos smartphones.

Il y aurait tellement de sujets comme l'addiction mais j'aurais pu aussi aborder chez les jeunes un nouveau style de communication où le téléphone comme un écran (il porte bien son nom dans ce cas-là) leur permet de dire des choses qu'ils n'oseraient certainement pas dire de vive voix et en face de l'intéressé. Je parle notamment des relations amoureuses ou juste avant quand il y a les prémices que l'on nomme la « drague ». Il y aurait aussi le cas de Twitter où l'on exprime son opinion, caché derrière un pseudonyme.

Cela dit, on ne peut pas parler de tout. Cela serait trop long mais je vais finir en parlant de relations qui sont plus personnelles et qui sont dans nos vies importantes. Ce sont celles relatives à l'amour. L'amour, sujet vaste et tellement présent.

Je prendrai deux sources qui m'ont semblé intéressantes.

La première source vient de Flavie Taisne, **« Les 5 langages de l'amour »**. Elle nous dit :

« C'est la différence entre savoir que tu m'aimes et sentir que tu m'aimes. Et pour faire sentir à l'autre que tu l'aimes, eh bien, il faut parler son langage. Il y a un thérapeute de couple qui s'appelle Gary Chapman qui a écrit un livre qui parle des cinq langages de l'amour.

1. **Les cadeaux** : pas forcément couvrir de cadeaux mais être à l'écoute de ce qui t'a fait plaisir et tâcher de faire mouche à chaque fois.

2. **Les services rendus** : ce sont les petites attentions du quotidien. C'est par exemple je te dégivre ton pare-brise avant que tu partes travailler pour te faire gagner du temps.

3. **Les moments de qualité** : là c'est sans téléphone. Rien qui va parasiter le moment que l'on est en train de passer ensemble et qui est un vrai moment suspendu.

4. **Les gestes de tendresse** : les petits gestes du quotidien, c'est te prendre dans les bras ; t'embrasser ; passer une petite main dans le dos.

5. **Les paroles valorisantes** : les « merci » ; « je t'aime » ; les compliments.

Je trouvais personnellement ces 5 langages pleins de vérité et utiles à mémoriser.

La deuxième source est la suivante. Je n'en connais plus l'auteur.

Pour choisir un bon partenaire de vie il faut 3 choses. C'est ce que j'appelle les 3 A de l'amour.

Quand tu aimes une personne pour son physique ce n'est pas de l'amour mais de l'attirance.

Quand tu aimes une personne pour sa personnalité ce n'est pas de l'amour mais de l'affection.

Quand tu aimes une personne pour son intelligence ce n'est pas de l'amour mais de l'admiration.

Le vrai amour c'est les 3 : **attirance, affection** et **admiration**. Le jour où tu rencontres la personne qui a les 3 garde-la précieusement. Je voulais donc clore ce chapitre avec cette idée d'amour qui est forcément et heureusement une composante importante dans notre vie.

Passons à un nouveau chapitre et donc une nouvelle branche de notre arbre de vie que j'appellerai la « culture générale ».

LA CULTURE GÉNÉRALE

J'ai hésité pour ce chapitre à l'appeler « culture et connaissance » mais j'ai opté pour « culture générale » et la définition que j'ai trouvée sur Internet a confirmé mon choix. Cela dit on parlera aussi dans ce chapitre de culture sans le « générale » et forcément de connaissance.

La culture se réfère à l'ensemble des connaissances, des valeurs, des traditions et des pratiques d'une société ou d'un groupe particulier. La culture générale, quant à elle, englobe un ensemble de connaissances variées et étendues sur différents sujets, souvent considérées comme essentielles ou fondamentales pour être bien informé et éduqué dans une société donnée. En résumé, la culture générale est une composante de la culture, mais elle est plus large et plus diversifiée, couvrant un éventail varié de sujets et de domaines de connaissances.

Un autre texte sur la définition de la culture générale finissait ainsi :

*« La culture générale est le fond de culture minimale
que devrait posséder un individu pour pouvoir
s'intégrer dans la société ».*

Ces deux définitions montrent bien l'importance de cette branche dans notre arbre de vie.

Il y a aussi beaucoup de phrases qui parlent de l'idée qui suit : « Plus j'apprends et plus je m'aperçois que je ne sais pas grand-chose ». Socrate, Galilée ou Einstein en ont parlé. La connaissance est en effet inépuisable.

On s'aperçoit donc de l'étendue du savoir mais un « fond de culture minimal » est indispensable.

Pour ma part je sais que je suis juste ou faible sur bien des domaines de culture générale mais je lis ; j'apprends des choses. J'essaye de combler. Cela dit j'ai un autre problème que nous verrons un peu plus loin qui est une mauvaise mémoire et qui me handicape !!!

Pour continuer sur notre thème et en voir son importance comme une véritable branche à notre arbre je vais commencer par un exemple dans le show-biz qui va peut-être surprendre mais c'est le premier qui m'est venu en tête.

Cet exemple, c'est celui de Jean-Luc Lahaye, chanteur qui a percé dans les années 80, qui a même eu sa propre émission sur la première chaîne française, TF1.

Le problème fut que cette émission était en direct et qu'il lui manquait à cette époque une des qualités de notre arbre de vie et cette branche était malheureusement trop fragile. Cette branche vous l'avez compris était celle de la « culture générale » et comme son émission était en direct il est apparu pour certains « stupide » dans des méconnaissances basiques alors que c'était juste un simple manque de culture générale.

En effet lorsque l'on ne sait pas par exemple où se trouve tel pays sur la carte du monde les gens vont voir cela comme un manque d'intelligence, a fortiori lorsque le pays est très connu. Ce qui n'est pas le cas. Les gens ont tendance à mélanger intelligence et culture générale. La réaction est de dire : qu'est-ce qu'il est bête. Ce n'est pourtant pas de la bêtise ; c'est simplement un manque de culture générale. Cette personne avait un manque de culture qu'une autodiscipline aurait pu combler. Il aurait dû fortifier cette branche sachant qu'il faisait un métier public et donc très exposé. Je crois que depuis il a pu faire un come-back (malgré d'autres déboires d'ordre privé) car il avait forcément d'autres « qualités » qui étaient elles bien développées et appréciées comme le sens du contact et l'envie d'exister (une niaque venue d'une enfance difficile) et donc l'envie de réussir.

C'est aussi vrai pour par exemple un homme politique qui est exposé forcément médiatiquement et souvent en direct et pour ces raisons, il est obligé de consolider cette branche pas seulement sur la connaissance de ses dossiers mais sur une culture plus générale.

Je suis certain que le président Nicolas Sarkozy a travaillé cette branche d'arrache-pied car il savait que c'était le point faible dans son arbre de vie. Je pense qu'il a travaillé cette branche comme un sportif de haut niveau (dans des domaines comme la littérature, théâtre, peinture...) car pour son objectif ultime qu'il a réussi et qui était d'aller au plus haut de l'échiquier politique il fallait absolument la fortifier. C'était une question de crédibilité pour le poste qu'il ambitionnait.

Idriss Aberkane déjà cité plus tôt dans ce livre et toujours très intéressant propose d'ailleurs sur les réseaux sociaux une « masterclass » sur la culture générale et comment la construire. Dans son introduction voici ce qu'il dit :

« Comment développer sa culture générale mais même avant de la développer il faut se demander pourquoi.

Cela sert à quoi ? Cela sert juste à se la jouer ou cela sert à briser la glace, à se rapprocher d'un client ; à développer une culture commune auprès de ses enfants, à leur laisser un héritage qui aura d'ailleurs plus de valeur parfois qu'un héritage matériel, un héritage purement immatériel. C'est une de mes passions et je vais vous apprendre à quoi elle sert. Comment la développer ? Comment faire un bon repas de connaissance ? Où trouver une gastronomie des savoirs ? »

Il prouve donc lui aussi l'importance de la culture générale. Il avance d'ailleurs l'idée d'héritage immatériel plus important qu'un héritage matériel ce qui est fort juste. C'est une évidence car elle permet de mieux comprendre, de mieux communiquer, de mieux participer et donc de mieux s'intégrer.

Il y a d'ailleurs cette très jolie idée qui dit que : Le « matériel » se divise alors que l' « immatériel » se multiplie.

Arthur Schopenhauer disait d'ailleurs pour reprendre l'idée d'héritage matériel et immatériel :

> *« Les hommes sont mille fois plus acharnés à acquérir des richesses que de la culture bien qu'il soit parfaitement certain que le bonheur d'un individu dépend bien plus de ce qu'il est que de ce qu'il a. »*

Culture et culture générale sont donc des éléments indispensables à notre arbre de vie. Comme je disais plus haut, avoir une culture générale est très important mais il faut aussi avoir de la mémoire. Quel intérêt d'apprendre si ce n'est pour oublier !!! Cette mémoire se travaille. Je sais que pour moi c'est un point faible. Combien de fois il m'est arrivé de lire un article intéressant mais deux semaines plus tard il ne m'en restait que la moitié ce qui rendait l'envie de le partager compliquée !!!

« *Mieux vaut ne rien savoir que de savoir beaucoup à moitié* »

disait Nietzsche.

La mémoire est donc un vrai atout. Je lisais d'ailleurs très récemment un article intitulé « *Je peux pas j'ai gym du cerveau* » qui dit qu'à l'heure où l'on a externalisé notre mémoire dans les smartphones, il faut exercer des sports cérébraux pour le remuscler. Il y avait aussi un passage de Jérémy Cordon, spécialiste en neurosciences, qui disait que « *notre cerveau serait programmé pour la survie et non pour la productivité ce qui expliquerait les comportements comme la procrastination, la perte de concentration ou la démotivation. Il conviendrait donc de faire sortir le cerveau de sa zone de confort, voire de le "hacker" afin de mettre à profit son potentiel inexploré* ». Procrastination, perte de concentration ou démotivation ; ne sont-ce pas des notions que nous avons vues dans les chapitres précédents et tenté d'y répondre avec des éléments de notre « boîte à outils » ? Tout est lié ; l'arbre de vie de ses racines à sa canopée est un tout. Il faut essayer d'en fortifier tous les éléments.

Dans cette partie « culture générale » j'aimerais aussi parler des voyages qui aident pour une culture générale mais surtout pour sa propre culture. Cette culture-là est plus une culture de vie ouverte sur le monde et qui justement permet de mieux comprendre le monde dans lequel on vit.

Renaud Donnedieu de Vabres (ancien ministre de la Culture et de la Communication) disait d'ailleurs :

*« La culture est un antidote à la violence car elle nous invite à la compréhension d'autrui
et féconde la tolérance en nous incitant à partir à la rencontre d'autres imaginaires et d'autres cultures. »*

Je vous recommande si vous en avez la possibilité de voyager. Le « voyage » qui éduque l'esprit. On y voit déjà d'autres cultures mais aussi et malheureusement souvent la pauvreté et la misère. On prend conscience du monde qui nous entoure. Je me suis par exemple retrouvé un jour à six heures du matin à la gare ferroviaire de New Delhi et j'ai compris que la vie était une sacrée loterie.

Voici deux citations qui résument bien l'importance des voyages

« Voyager enseigne la tolérance. »

Benjamin Disraeli.

« Le monde est un livre, et ceux qui ne voyagent pas ne lisent qu'une seule page. »

Citation de saint Augustin

Cela me faisait penser à une discussion que j'avais avec une personne sur les migrants qui transis de froid arrivent d'Italie sur Briançon par le col et je parlais d'un citoyen français qui était venu en aide à ces gens-là ce qui était pour moi une évidence. Il avait été pourtant condamné (faiblement) par la justice en raison (et c'est normal) des lois.

Je trouvais donc l'action de cette personne fort louable et la personne que j'avais en face me dit : « Moi je ne les arrêterais même pas, c'est une balle dans la tête que je leur mettrais !!! » Je trouvais cette réaction folle !!! Mais comment le monde peut devenir aussi dur ?

Nous avons eu la chance de naître du bon côté. Bien sûr que nous ne pouvons pas accueillir toute la misère du monde comme disait Michel Rocard mais de là à avoir une telle réaction pour une personne qui ne demande qu'à avoir une vie digne et heureuse, cela me paraît stupéfiant.

Je lisais d'ailleurs la semaine dernière un petit article dans un journal sur une jeune Afghane arrivée en France et qui avait intégré HEC. Quel bonheur pour elle et quel bel exemple d'intégration. Elle peut enfin commencer à vivre sa vie.

Comment certaines personnes peuvent réagir aussi durement sur la condition des autres ? Il faut partager le bonheur et non le confisquer. Je reviens à Frédéric Lenoir qui lorsqu'il parlait des trois composants essentiels parlait de compassion. C'est tellement vrai.

J'aurais pu répondre à cette personne qui m'avait choqué par une jolie citation de Mark Twain :

> *« Une vision large, saine et charitable des hommes et des choses ne peut pas être acquise en végétant dans un petit coin de la terre toute sa vie. »*

L'ouverture d'esprit, la tolérance ; on revient à l'idée d'éducation avec l'importance des valeurs que nous avons vue en début de ce livre. Une nouvelle fois je me répète tout est lié dans cet arbre de vie. Tous ces exemples et citations montrent l'importance de cette branche sur cet arbre.

Pour conclure ce chapitre culture générale je pense à un compte sur les réseaux sociaux intitulé **Est-ce que tu peux m'apprendre quelque chose ?** d'une personne qui s'appelle David Dieu (je pourrais aussi citer Yann Outbache, lui aussi fort intéressant). Pour revenir à David Dieu j'en parle car je me suis souvent dit « chacun a une connaissance un peu originale ou insolite ». C'était d'ailleurs une autre idée de livre que je voulais écrire qui ramène à l'idée de « partage d'information » ce qui est le principe même de ce petit ouvrage. David Dieu a donc choisi d'interviewer des gens dans la rue sur le même principe en leur demandant « Est-ce que tu peux m'apprendre quelque chose ? » Et ses vidéos sont souvent amusantes et intéressantes car chacun a quelque chose à dire.

Aussi j'apporte avec plaisir une pierre à l'édifice de son travail avec le mot « antisémitisme » inventé je crois par un linguiste allemand en 1781. Maintes fois malheureusement utilisé en ce moment. Toutefois, il y a pour moi une petite erreur dans son emploi. En effet dans l'Antiquité les peuples sémitiques regroupaient entre autres les Éthiopiens, les Juifs, les Arabes... On parlait de langues sémitiques. On pourrait donc parler d'« antisémitisme » pour les Arabes ??? Donc utiliser antijuif ou antisioniste serait pour moi plus juste que d'utiliser antisémitisme pour parler des juifs. Voilà c'était une nouvelle pierre apportée au travail de Dav Day.

J'aimerais pour conclure ce chapitre sur le besoin d'une culture générale aborder très brièvement trois thèmes qui me semblent incontournables pour notre futur. Ces thèmes sont la démographie, l'écologie et l'intelligence artificielle.

La démographie.

Je souhaitais en parler car cela est sans doute le plus gros défi dans les décennies à venir. Savez-vous combien nous étions il y a seulement 200 ans sur notre belle terre ? Nous étions seulement 1 milliard d'individus et 200 ans plus tard nous allons être 9 milliards. La différence journalière entre naissance et décès est de 240 000 personnes en plus. Sans vouloir être malthusien c'est un vrai défi.

Sans reprendre l'année cosmique de Carl Sagan ou la seconde correspond à 438 années ; nous allons reprendre non pas l'année cosmique, ni même au commencement de l'humanité mais plutôt au commencement des premières civilisations soit il y a 3500 ans. On a donc vu qu'en 200 ans on va passer de 1 à 9 milliards. Cela veut dire que dans l'histoire des civilisations en 5 % du temps on va faire fois 9. Cela paraît ahurissant. Vu que c'est exponentiel comment allons-nous faire pour gérer la population mondiale ?

Autre et dernier chiffre : dans les années 70 nous commencions à puiser dans les ressources de la terre mi-décembre. Aujourd'hui c'est début août !!!

Passons donc à l'écologie qui est forcément affectée par cette explosion démographique.

L'écologie

J'ai une phrase que j'adore qui m'a été dite par un ami proche au sujet de la spécificité de notre espèce. Il me dit un jour : « Sais-tu quel est le propre de l'homme ? » Je lui réponds bêtement « le rire » ; il me répond « non c'est qu'il est le seul à produire des déchets (non naturels) » et j'ai trouvé cette phrase tellement juste. Et si on partait une nouvelle fois dans des chiffres, on serait effaré. Je ne sais pas pourquoi mais il me vient en tête les bouteilles en plastique (sans doute parce que le plastique nous envahit tellement qu'il envahit aussi mon cerveau). J'ai donc regardé sur Internet et voici ce que j'ai trouvé : chaque minute, dans le monde entier, un million de bouteilles en plastique sont vendues soit 17 000 bouteilles par seconde (les plus jeunes ne connaissant pas le principe de la consigne qui était un premium au prix d'achat pour que l'on soit poussé à rapporter le produit pour pouvoir le recycler. Aussi pourquoi cette belle idée a-t-elle disparu ?). On pourrait continuer dans le plastique et regarder combien de tonnes de plastique sont déversées par minute dans la mer. Une nouvelle fois je suis sûr que le chiffre serait dingue. La mer est d'ailleurs aujourd'hui envahie de très fines particules de plastique qui se mélangent au plancton. Quand nous mangeons du poisson en plus des métaux lourds nous mangeons aussi du plastique. Une étude dit que nous mangeons en moyenne en plastique par semaine l'équivalent d'une carte de crédit !!!

Ainsi malgré notre intelligence nous nous autodétruisons (j'aurais pu aussi parler de l'influence que nous avons sur le dérèglement climatique). Je vais me répéter mais nous avons vu que sur l'échelle temps l'homme n'est rien, nous disparaîtrons sans doute et une autre espèce dominante nous remplacera. La terre existera toujours après nous malgré les blessures que nous lui aurons infligées. Les pages qui précèdent ont démontré que notre monde était devenu trop compétitif et aussi trop égoïste pour faire les efforts qui sont nécessaires et indispensables. On ralentira certainement les choses mais sans doute trop faiblement. Cela me fait penser à l'histoire du colibri. Une légende amérindienne racontée par Pierre Rabhi.

Un jour, dit la légende, il y eut un immense incendie de forêt. Tous les animaux, terrifiés, atterrés, observaient impuissants le désastre. Seul le petit colibri s'activait, allant chercher quelques gouttes avec son bec pour les jeter sur le feu. Après un moment, le tatou, agacé par cette agitation dérisoire, lui dit : « *Colibri ! Tu n'es pas fou ? Ce n'est pas avec ces gouttes d'eau que tu vas éteindre le feu !* » Et le colibri lui répondit : « *Je le sais, mais je fais ma part.* »

L'homme court donc à sa perte et j'espère que sa dernière idée avec l'intelligence artificielle n'accélérera pas les choses.

L'intelligence artificielle

Ce petit livre n'a pas été écrit à l'aide de cette intelligence. J'ai simplement demandé 4 ou 5 fois seulement à Chat GPT une définition ou une différence entre deux notions. Je lisais récemment un article qui disait que Kindle souhaitait savoir si un livre avait été fait par l'intelligence artificielle et qu'il souhaitait limiter les personnes qui déposent des livres grâce à l'IA à 3 par jour !!! En ce qui me concerne ce n'est pas le cas. Dommage peut-être pour le style de mon écriture que j'aurais pu améliorer car Chat GPT peut aussi aider dans le style de son écriture. Plus sérieusement, l'IA est une vraie révolution avec par exemple les vidéos sur les médecins aidés par Google dans leur diagnostic. Personnellement tout cela me fait peur. Oui pour l'aide mais pas pour tout faire non plus.

Il y avait un article de M. Philippe Aghion dans Le Monde qui disait qu'en termes d'emplois l'effet de l'IA sera globalement favorable : *« L'effet d'éviction par lequel l'automatisation détruit des postes serait moins fort que l'effet productivité qui améliore le rapport qualité prix du produit, crée de la demande et de l'embauche. L'IA ne devrait pas créer de chômage »*. Je n'en suis pas personnellement sûr du tout, lorsque l'on sait que des robots peuvent appeler lors de campagnes publicitaires des milliers de personnes, que les voitures vont conduire toutes seules, que des publicités sont intégralement conçues par de l'IA comme celle d'Adidas. L'IA arrive même à créer des films avec des personnages et des paysages qui paraissent réels. Que va devenir la créativité des humains car comme l'on sait notre créativité est limitée à notre propre connaissance. Si vous avez une équipe de 5 créateurs, vous pouvez donc augmenter par 5 cette créativité, mais l'IA, peut être cent mille fois plus puissante car elle va puiser chez tout le monde. ? Ainsi pour n'avoir cité ci dessus que 4 exemples parmi des milliers. Que vont devenir bon nombre de métiers ???. Luc Ferry d'ailleurs dans son dernier ouvrage intitulé « IA, grand remplacement ou complémentarité ? » se pose la question.

En conclusion, on peut dire que nous serons les seuls responsables des progrès de l'intelligence artificielle. Personnellement j'ai peur que l'être humain toujours par esprit de compétition s'autodétruise encore plus. On peut déjà penser, à l'extrême, aux guerres (et ses trois raisons : cupidité, peur et gloire) et à celle qui peut nous amener à utiliser l'arme nucléaire !!! Attention donc à la nature humaine !!! En exemple cette expérience étonnante qui a été faite en 1974 où l'on peut se poser des questions sur nous-mêmes et sur notre vrai degré de civilisation !!! L'artiste-performeuse serbe Marina Abramović réalise donc en 1974 une performance risquée. Elle se livre entièrement au public pendant six heures. Le principe de cette performance intitulée « Rhythm o » est très simple, mais elle finira de manière bouleversante. Dans le studio napolitain Morra, l'artiste se tient debout, figée, dans une pièce. Dans cette même pièce se trouvent 72 objets placés sur une table. Une affiche donne la consigne suivante :

« Sur la table il y a 72 objets avec lesquels vous pouvez me faire ce que vous voulez ». Il est aussi précisé :

« Je suis un objet.

Je prends la responsabilité de tout ce qui se passera dans ce laps de temps.

Durée : 6 heures. »

Et voici ce que nous dit l'artiste après la performance :

« Ce que j'ai appris, c'est que si vous laissez le public décider, il pourrait vous tuer. Je me suis sentie vraiment attaquée : ils ont coupé mes vêtements, ils ont gratté des épines de rose sur mon ventre, une personne a tenu le pistolet contre ma tête avant qu'une autre ne le lui enlève. Ce travail révèle ce qu'il y a de plus horrible chez les gens. Cela montre à quelle vitesse quelqu'un peut se décider à te blesser lorsqu'il y est autorisé. Cela montre à quel point il est facile de déshumaniser quelqu'un qui ne se défend pas. Cela montre que la majorité des gens "normaux" peuvent devenir très violents en public si on leur en donne la possibilité. »

Cette expérience fait vraiment froid dans le dos. Cela en dit beaucoup sur notre espèce qui très vite peut ne plus être civilisée et redevenir animale. On en revient à l'exemple de Cam Clash que je vous ai exposé plus tôt. Il y avait quelques défenseurs mais pas assez mais si l'un montrait l'exemple alors d'autres se mettaient à réagir. Je répète cette phrase à nouveau d'Einstein. « Le monde est difficile à vivre non pas tant par ceux qui font du mal mais par ceux qui laissent faire. » Et pourtant il y a beaucoup plus de gentils que de méchants mais nous sommes souvent comme des moutons complètement lobotomisés et nous ne réagissons pas. En parlant de gens « gentils » c'est d'ailleurs devenu presque un défaut dans nos sociétés. On en revient à cette société de plus en plus compétitive et regardée où l'on a besoin de paraître fort et de réussir. Attention, la réussite est un besoin légitime et important mais le besoin d'exister n'a jamais été aussi présent surtout depuis l'apparition d'Internet, des smartphones et des réseaux sociaux. Il faut être vu. On va poster sur Instagram, TikTok, Facebook ou LinkedIn car encore une fois il faut exister aux yeux des autres. On en a déjà parlé et on pourrait encore en parler. Il y a aussi cette idée déjà abordée de consumérisme qui place de plus en plus le désir avant le manque.

Passons maintenant à la dernière branche de notre arbre. Je veux parler de la santé.

LA SANTÉ

« Un esprit sain dans un corps sain. »

Je ne sais pas si le choix de cette citation est le meilleur mais je vais l'interpréter à mon envie. Notre corps est une machine dont il faut prendre soin. On a vu que l'on pouvait influencer une partie importante de notre machine interne qui est notre cerveau. Mais cette action que l'on pourrait qualifier de santé mentale avec la puissance de l'esprit influence aussi tout notre corps. C'est ce que l'on appelle notre « homéostasie » (nous en verrons la définition plus loin). L'idée est simple : Il faut tenter le plus possible de bien penser pour faire du bien à notre corps. Rappelez-vous les propos d'Astrid Deballon qui précisait que c'était le subconscient qui gouvernait. Je vais d'ailleurs en profiter pour donner la définition du subconscient mais aussi de l'inconscient pour mieux comprendre et affiner les mots choisis. Voici ce que nous dit Internet : « Le subconscient et l'inconscient sont souvent utilisés de manière interchangeable, mais en psychologie, ils ont des significations légèrement différentes. Le subconscient se réfère généralement aux processus mentaux qui sont en dessous du seuil de conscience mais qui peuvent être accessibles avec un peu d'effort, comme les souvenirs ou les croyances implicites. L'inconscient, en revanche, fait référence à une partie plus profonde de l'esprit qui contient des pensées, des désirs et des motivations qui ne sont pas accessibles à la conscience, comme les pulsions inconscientes ou les traumatismes refoulés. »

Donc avec peu d'efforts on peut accéder à son subconscient (celui qui nous intéresse). Celui qui se met en relation avec notre corps et notre esprit (en pensant notamment à des souvenirs ou moments agréables) afin d'améliorer notre homéostasie. Il faut aussi, une nouvelle fois, penser positif comme tout bêtement se plaindre le moins possible. Gérer donc ses émotions comme la colère ou le stress. Car on sait que la négativité n'est pas bonne pour notre corps. Il faut donc éviter le plus possible les influences néfastes venant de l'extérieur. Il faut grâce à un travail sur son esprit et son subconscient créer un filtre positif pour le reste du corps. Il faut donc prendre soin de son corps et de son esprit car ils ne font qu'un. En Occident nous avons l'habitude de séparer le corps et l'esprit. Pourquoi ? Car d'autres cultures et civilisations n'ont jamais dissocié (du moins avec une telle force) le corps et l'esprit. Ainsi, en Chine, plutôt que de les opposer, les penseurs se sont plutôt inscrits dans une philosophie d'unification ou d'équilibre. Pensez par exemple au Yin et au Yang dans la médecine traditionnelle chinoise. Le bon fonctionnement du corps humain est basé sur un équilibre et une harmonie entre ces deux principes. En Occident, la médecine s'est longtemps préoccupée essentiellement du corps en mettant l'esprit entre parenthèses. Et aujourd'hui ? Que nous reste-t-il de cette vision dualiste initiée par Descartes ? Les progrès de la médecine, de la psychologie et des neurosciences nous ont permis de ne plus percevoir notre corps comme une machine mécanique dirigée par un cerveau penseur. Ce changement de vision a apporté un regard neuf sur bon nombre de pathologies. Par exemple, sur la relation entre dépression et troubles alimentaires. Par ailleurs, de nouvelles techniques, telles que l'hypnose, autorisent des interventions chirurgicales audacieuses. Actuellement, et depuis un certain nombre d'années, on peut parler d'un réel engouement pour des pratiques qui réconcilient le corps et l'esprit. C'est d'autant plus vrai que des études scientifiques ont levé le scepticisme d'une partie du corps médical en démontrant, par exemple, que les activités sportives, le yoga ou la méditation participaient au renforcement des défenses immunitaires face aux chimiothérapies dans les traitements anticancéreux. Notre état mental et nous l'avons déjà vu précédemment peut exercer une réelle influence sur notre corps. Et la réciproque est vraie. Certaines attitudes corporelles peuvent en effet conditionner notre état d'esprit. Voilà pourquoi il y a une branche « santé » sur notre arbre de vie. Les idées principales abordées seront :

– La nutrition.

– L'activité physique.

– La respiration.

– La musique.

il pourrait y avoir d'autres thèmes comme, je le reconnais, un qui occupe un tiers de notre vie ; je veux parler du sommeil (et aussi de la sieste qui est une pratique à faire et notamment les micro-siestes) mais une fois encore ce livre essaye aussi simplement que possible de donner un fil conducteur à son chemin de vie représenté par un ARBRE. Vous pouvez par vous-même densifier son feuillage. Chacun par son parcours de vie et son interprétation aura un thème ou une feuille de l'arbre qui lui paraîtra personnellement plus important et qu'il voudra plus développer. Certains voudront même peut-être y ajouter une branche. Pour ma part j'essaye simplement de donner une direction.

Nous allons commencer ce chapitre par une source qui regroupe plusieurs thèmes listés ci-dessus et que je trouve très intéressante ; cette source provient du Dr Barbara O'Neill sur internet intitulée « **The three shockers** ». Elle nous dit :

« Il y a 3 choses que la médecine aujourd'hui dit capable de stimuler la croissance de nouvelles cellules cérébrales dans la partie hippocampe du cerveau :

1) **Le jeûne**. Prendre un petit déjeuner comme un roi, déjeuner comme une reine et ne pas manger pendant 18 heures.

C'est un choc lorsque la nourriture cesse d'arriver.

2) **Terminer chaque douche avec le froid**, c'est aussi un choc.

3) **Entraînement fractionné de haute intensité** comme courir pour votre vie pendant 30 secondes sur une colline et arrêter et recommencer, c'est un choc. »

En effet, on peut régénérer ses cellules. Profitons-en.

Une étude parle aussi de six facteurs nécessaires pour que votre petite usine à neurones tourne à fond.

– La première condition c'est de continuer à apprendre tout au long de votre vie et de fuir la routine comme la peste. Restez curieux comme un chat, votre cerveau vous en sera reconnaissant.

– Évitez ensuite au maximum le stress lié notamment aux pollutions visuelles et sonores. Là évidemment ça se corse un peu.

– Autre conseil pour ne pas avoir le neurone en berne : supprimez autant que possible les psychotropes avec en ligne de mire les anxiolytiques et les somnifères. La consommation excessive de ces médicaments a non seulement le pouvoir d'endormir le cerveau mais aussi d'entraîner des risques de démence comme la maladie d'Alzheimer.

– Pour avoir des neurones tout neufs pratiquer aussi une activité physique. On sait maintenant que les muscles fabriquent des substances chimiques et qu'ils utilisent la voie sanguine pour agir directement sur la production de neurones. En musclant vos biceps ou vos mollets, vous agissez donc aussi pour la jeunesse de votre cerveau.

– L'avant-dernière condition est de sortir de l'isolement et d'opter pour une vie sociale active : rencontrez votre prochain, échangez avec lui, aidez-le, c'est bon pour le moral et pour le neurone…

– Et puis enfin les dernières découvertes sur les liens entre le cerveau et le microbiote intestinal suggèrent que l'alimentation a une place centrale pour faire proliférer vos neurones.

Ces six conseils résument à eux seuls beaucoup du feuillage « santé » que nous allons aborder.

J'écoutais récemment une vidéo qui insistait énormément sur le facteur numéro cinq en disant que les secrets pour être en bonne santé et bien vieillir étaient d'avoir des « relations saines ». On en revient aux relations humaines, mais aussi à l'homéostasie et à plein d'autres feuilles de notre arbre. Vous voyez donc encore une fois que notre arbre est un tout et que tout est connecté, des racines à son sommet.

Voilà aussi ce que disait Michel Serres dans une vidéo pour parler de la cure de jouvence :

« Pour garder la jeunesse il y a 3 moyens :

Le premier très connu, très cher et qui ne sert pas à rien, c'est ce que l'on appelle les cosmétiques qui vont de la chirurgie esthétique aux badigeons divers.

Le deuxième c'est l'exercice. Il faut en faire.

Le troisième qui est **fondamental et qui est totalement gratuit et inconnu**, je n'ai jamais entendu un médecin le conseiller. Tous les jours lire un texte un peu difficile ; tous les jours écouter un raisonnement un peu difficile ; tous les jours faire un exercice intellectuel car la vieillesse c'est avant tout le gâtisme. Prenez des textes pas faciles et faites tourner votre intellect. Vous êtes sûr de rajeunir ; le vrai secret de la jouvence, il est dans la tête. »

Il est important de faire en effet tourner son esprit il y a d'ailleurs plein de livres amusants à ce sujet. Pour faire tourner son cerveau je vous livre 2 exercices qui me viennent en tête.

Un homme veut entrer dans un club privé. Il s'aperçoit qu'il y a un mot de passe pour entrer. Allez-vous le trouver ?

Un premier groupe arrive, le videur dit 8, le groupe répond 4, le videur répond c'est bon vous pouvez entrer.

Un deuxième groupe arrive, le videur dit 6, le groupe dit 3, c'est bon vous pouvez entrer.

Un troisième groupe arrive le videur dit 4, que doit répondre le groupe ? Réfléchissez avant de lire la suite et donc la réponse. La réponse qui vient en tête est 2, eh bien non c'était 6. En fait, le groupe devait répondre par le nombre de lettres du chiffre que le videur donnait.

Autre test : lors d'une nuit à l'hôtel un homme paye 120 euros pour la chambre et le petit déjeuner. Quel est le prix du petit déjeuner ? Sachant que le petit déjeuner coûte 100 euros de moins que la chambre. On aurait tendance à dire instinctivement 20. Mais non, la réponse est 10. 110 pour la nuit d'hôtel et 10 pour le petit déjeuner, cela fait 120 et il y a bien une différence de 100.

Il y a des milliers de jeux de la sorte qui vous font travailler le cerveau. La meilleure des thérapies pour Michel Serres.

Cela me fait penser à cette phrase qui ne fera pas retourner vos neurones mais qui sera amusante à essayer sur des amis littéraires qui sont censés maîtriser l'orthographe. Sachez qu'ils feront au moins une faute sur ce petit exercice.

C'est simplement leur faire épeler ou écrire la phrase ci-dessous :

« *En l'occurrence son imbécillité était un dilemme* », signé
François Mitterrand.

L'obstacle le plus dur est sans doute de penser aux deux « l » d'imbécillité mais le plus amusant est que souvent les gens oublient (et je ne parle pas des plus jeunes) comment s'écrit Mitterrand. Je pense qu'une personne sur deux ne sait pas ou plus l'écrire alors que l'on a vu son nom des milliers de fois sur les murs ou dans les journaux.

Pour continuer sur cette branche, il y a enfin cette autre idée sur sa santé liée aux émotions qui est l'homéostasie.

Source Youssef Mirigue où à 92 ans le professeur Grégoire partage un de ses secrets intitulé **« Comment accéder à la guérison ».**

« Si on tombe malade c'est parce que l'on est plein de contrariétés. La guérison ne vient que de notre force vitale intérieure. Dans notre homéostasie. Il suffit de rétablir l'homéostasie qui est en nous en enlevant les obstacles que sont la haine, la colère, la jalousie ; ceci cela... L'homéostasie reprend ses droits et on devient en bonne santé. »

Je vous donne donc comme promis la définition de l'homéostasie que je ne connaissais pas et que vous avez déjà je pense réussi à définir. C'est le processus physiologique permettant le maintien constant du milieu intérieur de l'organisme afin d'en assurer le bon fonctionnement. Par exemple maintien de la température du corps (isothermie), du pH sanguin (isoponie), de la pression artérielle (isotonie), de la glycémie et des échanges métaboliques.

Ce préambule passé je vais commencer par un thème important qui est celui de la nutrition.

La nutrition

La première source que j'ai choisie parle de mastication. Cela vous étonne peut-être mais comme le dit bien le texte qui suit c'est le seul moment où nous avons un pouvoir dans tout le processus de la digestion. Il ne faut surtout pas l'oublier. Et c'est en plus la première étape de ce processus. Malheureusement j'oublie trop souvent de prendre le temps de mastiquer car j'oublie d'être dans l'instant présent et ne fais pas le travail préliminaire nécessaire pour faciliter la digestion. Cette étape est pourtant essentielle. La lettre M aurait pu être la dernière lettre de mon ACRONYME mais cela sera plutôt le N de nutrition car cela englobe d'autres aspects de cette fonction qui sont eux aussi importants.

La source est de Anthony Martins. Elle est intitulée **« la mastication est essentielle à la digestion »**. Il nous dit que :

« Le tube digestif c'est un système de travail à la chaîne. Le travail à la chaîne obéit à une terrible loi : la loi du maillon faible ; ce que dit cette loi, c'est que l'étape en amont est déterminante sur l'étape en aval et que le résultat global de cette chaîne de travail ne peut jamais être supérieur à celui de l'étape la moins importante. Donc si vous avez 10 sur 100 à une étape, le résultat global sera inférieur à 10 sur 100. La première étape c'est la mastication ; c'est la seule que vous contrôlez et la mastication prépare l'alimentation à la digestion. Si au lieu de mastiquer vous gobez, vous avez 1 sur 10 et vous allez avoir moins de 1 sur 10 à la fin. Mastiquer, donc, c'est hyper important. Il y a des études dont une japonaise qui a montré que la santé physique de personnes de 40 à 79 ans est directement liée à la capacité de mastication. Il faut revenir à la médecine de bon sens, pas simplement donner des médicaments mais revenir aux essentiels de la santé et manger lentement et calmement, c'est fondamental. Ne mangez pas sans vous en rendre compte en regardant la télévision ou dans la voiture. »

Il y a aussi un autre élément important qui est l'ordre des éléments dans la nutrition. Si on mange dans un ordre spécifique, on réduit de 75 % le pic de glucose de son repas sans changer ce que l'on mange. Juste l'ordre a un impact primordial.

En effet voici ce que dit Jessie Inchaupsé pour « **Réduire le pic de glucose** ».

Les conseils principaux sont :

1) Petit déjeuner salé le matin ; on mange des protéines et on évite du sucré sauf des fruits entier si on veut.

2) Du vinaigre de cidre ; une cuillère à soupe de vinaigre dans un grand verre d'eau avant le repas. C'est super car le vinaigre contient de l'acide acétique qui va réduire la vitesse de transformation des féculents en glucose dans l'estomac et du coup réduire le pic.

3) Entrée à base de légumes lorsque l'on peut car les légumes contiennent des fibres qui vont tapisser l'intestin et réduire à nouveau le pic de glucose. Pour réduire de 75 % le pic de glucose c'est donc légumes avec les fibres en premier puis protéines, graisses, féculents et sucres en dernier.

Et enfin 10 minutes de mouvement après un repas, cela va aider le corps à utiliser le glucose et réduire le pic.

Concernant le vinaigre de cidre il y a une autre source Instagram intitulée « **Heiven longévité** » qui précise à nouveau en d'autres termes les bienfaits du vinaigre de cidre. La personne nous dit :

« Ne serait-ce pas une vraie potion magique ? Le vinaigre de cidre à base de pommes fermentées est fait de pectine d'acide acétique, de polyphénols et de tout un tas de minéraux. La pectine qui va arriver dans l'intestin va former un gel qui va aider à réguler la glycémie. L'acide acétique est une aide à l'élimination des graisses. Et donc à une meilleure régulation du cholestérol. C'est aussi une aide à la régulation du pH. Il est riche en probiotiques ; nous aide à développer nos microbiotes et notamment à limiter les inflammations. On pourrait aller de 3 cuillères à café à 6 cuillères à soupe par jour maximum avant les repas ou bien le matin mais toujours bien dilué dans l'eau. Il faut prendre un vinaigre bio qui a toujours sa matrice et qui est non filtré ».

Autre idée dans la nutrition, ce que les Japonais appellent le HARA HACHIBU : « Ne te gave pas de nourriture. Arrête de manger quand tu es à 80 % de satiété. Cela augmentera ton énergie. » On l'a tous vu. Trop manger le soir par exemple et on a du mal à dormir.

Nous avons donc vu quelques conseils sur la nutrition, passons maintenant à la respiration.

La respiration

Nous respirons sans nous en apercevoir. Il faudrait pourtant souvent prendre le temps de s'écouter. Une nouvelle fois, se mettre dans l'instant présent et être attentifs à notre corps. C'est très important. J'avais déjà abordé cette idée de respiration dans la partie discipline, je vais ici donner plusieurs techniques de respiration qui auront pour but de mieux oxygéner son cerveau et donc d'amener moins de stress et plus d'énergie. À vous d'en choisir une.

Pour commencer je parlerai d'un passage de Vittoria Ravano qui nous dit : « La respiration est quelque chose d'assez extraordinaire. Nos pathologies viennent presque toutes d'une acidification de notre corps et **quand nous inspirons profondément nous désacidifions notre corps.** » Elle ajoute : « **La respiration consciente est un cadeau.** » Si nous nous arrêtons et que nous respirons consciemment, nous guérissons notre corps et aussi nos idées noires.

Pour continuer sur cette idée de respiration voici une première technique. Celle-ci est proposée par Alexandre Antonienko : « **Technique de respiration en carré** ».

La respiration en carré des Navy Seals. Tu vas inspirer 5 secondes ; Tu bloques 5 secondes ; Tu souffles 5 secondes et tu bloques. La micro-apnée va amener une attention plus importante pour ton cerveau.

La deuxième technique est intitulée « **The double inhale** » (déjà vue dans la partie « discipline »)

Les doubles inspirations suivies d'une expiration prolongée sont le moyen le plus rapide d'amener l'esprit et le corps dans un état plus détendu. Important parce que vous rejetez du dioxyde de carbone.

Il y a aussi la technique expliquée par Audrey Saatdjian, à peu près similaire :

1) Inspirer 4 secondes environ.

2) Retenir 1 seconde.

3) Inspirer à nouveau 1,5 seconde.

4) Expirer 5 secondes.

L'intérêt est de provoquer une double inhalation. La respiration est vraiment importante car elle influe sur la santé. Il y a une étude qui explique que bien s'oxygéner le matin fait gagner 7 ans de vie. La personne nous dit :

« C'est une vraie discipline à faire le matin. Respirer pendant 8 minutes. Trois séries de 30 respirations après avoir retenu votre respiration aussi longtemps que vous le pouvez. Juste cela et tu ajoutes 7 ans à ta vie et c'est impossible d'être de mauvaise humeur après ça. »

Il y a enfin une respiration qui est préconisée pour le soir :

« T'endormir en quelques minutes grâce à la respiration 4-7-8. La respiration est un formidable outil pour favoriser l'endormissement et lutter contre les insomnies. Calmer un mental hyperactif. On inspire sur 4 secondes on retient pendant 7 secondes et on expire doucement sur 8. Cette respiration peut être pratiquée pendant plusieurs minutes. Technique qui demande d'être adaptée pour certaines personnes car l'apnée peut être difficile pour elles. »

On aurait pu aussi parler du bâillement qui est une bonne technique pour réduire son stress. Je vous conseille d'essayer de bâiller volontairement. C'est très bon car cela permet notamment de stimuler le flux artériel et de conduire du sang plus frais au cerveau. N'avez-vous d'ailleurs pas remarqué que si vous regardez dans les yeux quelqu'un qui va se mettre à bâiller, il commence à plisser des yeux et la transformation du visage a un effet communicatif avec celui qui le regarde. Cela prouve bien qu'il y a une communication non verbale et que celle-ci peut nous influencer.

Continuons maintenant sur le prochain thème qui est l'activité physique.

L'activité physique

Souvent on dit que quand on ne va pas si bien, voire un peu en dépression, il faut se forcer à bouger. On a un coup de mou ; bouger. On a vu avant les techniques pour se mettre en motivation et notamment la règle « 54321 and go » qui va engendrer dans le cerveau un processus de mise en action. Pour l'effort physique on parle aussi de circuit de la récompense. Se forcer à s'activer. L'activité physique permet de réguler positivement les éléments de notre cerveau cortical décisionnel. Le sport aide à prendre des décisions.

Il y a ce aussi ces 3 exercices ci-dessous qui abordent plutôt la santé mentale de notre corps. Vidéo sur internet intitulée « **How to clean out your energy and your aura** ».

1) Enlève tes chaussures. Les chaussures ont du plastique et du caoutchouc. On est toujours déconnecté de la planète.

Cela me fait penser à un extrait fort connu de Pretty Woman où Julia Roberts fait mettre pieds nus Richard Gere dans un parc pour qu'il se reconnecte.

Plus scientifiquement voici ce que dit la science : « Lorsque vous posez vos pieds sur le sol, vous absorbez de grandes quantités d'électrons par l'intermédiaire de la plante de vos pieds. L'effet est suffisant pour maintenir votre corps au même niveau de potentiel électrique chargé négativement que la Terre. Ce simple processus de « Earthing » est l'un des antioxydants les plus puissants que nous connaissons ».

Ce phénomène scientifique, appelé « grounding », est expliqué pour la première fois par Clinton Ober dans son livre « Earthing : la plus grande découverte santé de tous les temps ! ». Il y explique notamment que nous sommes bien trop souvent en carence d'électrons, ce qui rend difficile pour notre corps de lutter contre le stress oxydatif.

2) Quand tu finis ta douche, assieds-toi pour une minute et laisse l'eau te couler dessus. Tu es en fait comme assis sous la pluie et ça nettoie ton aura.

3) Trouve un arbre, assieds-toi, ta colonne vertébrale contre l'arbre et donne-toi 5 à 10 minutes. C'est comme une méditation où l'arbre va puiser une partie de l'énergie inutile qui encombre ton aura.

Il aurait pu y avoir encore une fois plein d'autres exemples mais je me répète, le but principal est de donner un fil conducteur à cet arbre avec ses branches et quelques exemples pour étayer ce chemin de vie.

Passons maintenant à un nouveau thème qui pourra surprendre et qui est la musique.

La musique

Eh oui ! la musique. Nietzsche ne disait-il pas : **« la vie sans musique est une erreur »**. Nikola Tesla, célèbre inventeur disait aussi :

> *« Si vous voulez connaître le secret de l'univers, pensez en termes de fréquences et de vibrations. »*

Récemment je lisais un article intéressant sur les coraux. Des chercheurs de la Woods Hole Oceanographic Institution affirmaient dans la revue Royal Society Open Science qu'une des méthodes pour aider les récifs à se reconstruire pourrait être le son. Après avoir diffusé des enregistrements audio de récifs sains, sorte de symphonie sous-marine composée de *« chants de poissons »* et de *« claquements de pinces de crevette »*, ils ont constaté que cela incitait les larves de corail à s'installer sur les fonds marins d'un récif dégradé, leur offrant une chance de se régénérer. Même chose pour combattre une maladie de la vigne ou aussi pour produire plus de lait. Le **son** a donc une influence sur les organismes.

Il y a un nom scientifique pour cela qui est la génodique. Elle fut initiée par Joël Sternheimer dans les années 80.

Ce même Joël Sternheimer s'est bien évidemment aussi intéressé à l'influence de la musique sur notre organisme.

Il a aussi donné un nom à cette science qui est la protéodie (mélange de protéine et mélodie). C'est une mélodie de protéines. Les protéines sont de grosses molécules, constituées d'assemblages spécifiques de 20 molécules nommées « acides aminés ». Les recherches de Joël Sternheimer ont montré comment associer une note de musique à chaque acide aminé. Chaque protéine ayant une combinaison originale, on peut donc lui associer une mélodie particulière : sa protéodie. Il y a d'ailleurs un morceau qui est génial. Ce morceau, c'est le canon de Pachelbel. Reprenons à ce sujet les propos de Michel Gautier :

« Je vais vous dire une chose. Écoutez-le tous les jours. Pourquoi car ce morceau-là, il a la particularité d'avoir les 8 acides aminés primordiaux dont on ne sait pas se passer. C'est le seul morceau que l'on ait trouvé qui nourrit nos 8 acides aminés essentiels. Il est conçu de 8 tonalités qui correspondent aux 8 acides aminés nécessaires à l'homme et il est conçu de telle manière que si vous le prenez en cours, c'est comme si vous le repreniez depuis le départ. C'est un puissant antistress. Il régule le métabolisme. Il active le circuit enzymatique. Il stimule la protéine ».

Voilà aussi ce que rajoute Michel Gautier dans un article repris sur TEDx Alsace : La note « *SOL* » possède une fréquence de

384 hertz correspondant ainsi très exactement à celle de l'oxygène. Hasard ? Et pourtant n'est-il pas curieux de constater que la pratique de l'agriculture exige que l'on aère le sol pour lui donner de l'oxygène ? Ce même sol agricole à l'écriture similaire à celle de la note de musique ? Toujours pas convaincus ? Alors voici un autre exemple : quand on accorde une musique en 432 hertz, le « *DO* » sonne à 256 hertz ce qui concorde singulièrement avec la fréquence de la résonance permettant l'activation chlorophyllienne des plantes ! Notez néanmoins que les célèbres scientifiques **Benveniste** et **Emoto** ont permis d'incroyables travaux sur l'eau prouvant que cette dernière dispose d'un formidable pouvoir de captation et, nous vous le donnons en mille, d'une résonance de 432 hertz ! Et devinez qui est composé à 70% d'eau ? Ni plus ni moins que nous-mêmes ! Michel Gautier se veut catégorique : la musique que nous écoutons au quotidien de façon récurrente peut sensiblement impacter notre santé, notre humeur ou encore notre développement personnel. Platon a dit : « Pour contrôler le peuple, il faut contrôler sa musique. » Michel Gautier conclut sur l'hypothèse d'un monde certainement plus heureux si ce dernier reposait uniquement sur une fréquence vibratoire de 432. Mais en attendant ce jour mélodieux, rappelons que notre comportement influe sur notre taux vibratoire. Ainsi, plus notre taux vibratoire est élevé, plus nous émettons d'ondes positives et de cause à effet, dispensons le bien autour de nous.

Pour finir j'aimerais parler un instant car c'est tellement beau de la cymatique. La cymatique est tout simplement la forme visible du son. Le physicien allemand Ernst Chladni (1756-1827) à l'aide d'un archet faisait vibrer des plaques de métal recouvertes de sable ou de sel. On y voit alors apparaître des figures géométriques. Ces dessins évoluent en fonction de la fréquence vibratoire de la plaque. Ces figures portent le nom de leur concepteur et donc les figures acoustiques de Chladni. Regardez sur Internet ; c'est surprenant et pour moi, cette beauté géométrique que l'on observe justifie pleinement le pouvoir que l'on attribue au son.

Pour finir ce chapitre SANTÉ, je vais conclure par 3 sources.

La première source est un bon résumé des choses dites plus haut grâce à un ACRONYME.

La deuxième source est un exercice pour faire travailler son cerveau. Idée si importante pour Michel Serres.

La troisième est une source amusante et très vraie.

Concernant la première source, elle provient de Nog Kok Song intitulée **« secret to stay healthy ».** Il nous dit :

« J'ai une formule pour rester en bonne santé. C'est un acronyme qui vous protégera. Cet ACRONYME est S.H.I.E.L.D.

S Sleep : dormir 7 heures.

H How to handle stress : méditez.

I Interaction : engager la discussion, parler avec des gens.

E Exercise : il faut faire de l'exercice ; bouger avec du sport.

L Learn : il faut apprendre quelque chose de nouveau.

D Diet Regime : plein de fruits et légumes. »

La deuxième source provient de Jean-Luc Pignol, **« j'ai du mal et vous ? ».**

« Exercice qui fait buguer le cerveau. Faire la forme d'un pistolet avec une de vos mains, avec l'autre un téléphone. Rapprocher les 2 mains. Il faut alterner le geste entre main droite et main gauche. Rien de compliqué et pourtant. Le cerveau va être perdu. Les gens buguent. L'idée est de faire travailler le corps calleux. Plus tu répètes, plus ton cerveau y arrivera. Cela demande une attention et une concentration absolue et de la répétition. »

Il est en effet important de faire faire à son cerveau de nouvelles connexions. La gym du cerveau. Déjà vu ; comme se brosser les dents avec sa main opposée.

Une dernière source que j'ai retenue et que j'ai trouvée tellement juste est celle de Fabrice Midal **« Travailler la terre ça rend heureux »**. Ce passage que j'ai trouvé m'a amusé mais au-delà de cela j'ai l'impression d'avoir vraiment connu cette sensation. Il nous dit :

« Les jardiniers souvent rapportent le fait que travailler la terre humide, bêcher la terre, cela rend heureux. Il y a un scientifique anglais Christopher Lorwy qui a fait l'hypothèse que ce côté euphorisant de travailler la terre est associé à l'existence de certains types de bactéries que l'on appelle de manière technique les « mycobactrium vacae » qui sont des bactéries qui entrent par la peau, qu'on respire et qui s'intègrent dans notre microbiote ; ils s'intègrent et entraînent la sécrétion de sérotonine dans le cerveau. Sans que l'on s'en rende compte on est en contact avec finalement un monde microbien qui nous fait du bien et qui s'intègre d'une certaine manière en nous. »

Il y aurait encore tellement d'autres choses à dire sur cette branche « santé » mais encore une fois c'est à vous si vous le souhaitez d'ajouter des « outils » dans la boîte et donc de continuer à trouver des conseils, astuces ou idées.

Nous avons donc vu toutes nos branches. Ces branches qui ont abordé beaucoup de sous-thèmes comme le respect, le courage, l'instant présent, le sourire, la nutrition, le travail ou la respiration… Ces sous-thèmes qui ont formé le feuillage de notre arbre. Nous arrivons donc au sommet de notre arbre avec l'idée de personnalité accomplie ou épanouissement. Passons donc à ce chapitre.

LA CANOPÉE

PERSONNALITÉ ACCOMPLIE OU ÉPANOUISSEMENT

Nous sommes donc arrivés en haut de l'arbre de vie. Nous avons donc parcouru verticalement et comme un fil conducteur les étapes qui aident à se forger sa propre personnalité. Toutefois même si on arrive à la canopée de notre arbre de vie celui-ci va continuer à pousser ; la personnalité va continuer à s'affûter. Ça sera à vous maintenant de retenir ce qui vous a plu et d'affûter vos « qualités ». Si vous pensez que vous procrastinez relisez les passages concernant les regrets, le temps et le côté positif des échecs et réfléchissez à cette idée inversée sur l'action qui créera votre motivation et non l'inverse :

« Se forcer à se mettre en action pour trouver sa motivation. »

Si vous êtes introverti et avec peu de confiance n'oubliez pas que le lac n'est pas si profond. La force de la visualisation (retenir la phrase de Jeff Bezos ou le discours de Muriel Ruzzante) et n'hésitez pas aussi à développer votre sens du contact en vous efforçant d'aller vers les autres (ne pas hésiter à sortir de sa zone de confort et à se lancer pourquoi pas un petit défi chaque jour à faire).

Si vous pensez que vous manquez de culture générale ou d'activité physique. Prenez du temps pour lire (il y a d'ailleurs une étude qui a montré que la lecture avait un pouvoir pour faire baisser le stress, on fait donc d'une pierre deux coups) ou faites du sport. N'oubliez pas la règle des 100 heures par an où vous êtes plus fort sur un sujet que 95 % des gens. Cela ne fait que 18 minutes par jour.

Une nouvelle fois je me répète il faut que vous « **puisiez** » dans cette « **boîte à outils** » qui permet avec ses conseils et astuces de mieux développer son arbre de vie et ses « qualités ».

Parlons donc maintenant de cette nouvelle étape et de la personnalité que j'appellerai accomplie ou épanouie même si le chemin n'est jamais fini.

Internet nous donne une définition de la personnalité et plus précisément d'une personnalité accomplie proche de l'épanouissement avec laquelle je suis assez d'accord :

« Il n'y a pas de moment précis où l'on peut dire qu'une personne a accompli sa personnalité, car le développement personnel est un processus continu tout au long de la vie. Cependant, on peut considérer que quelqu'un a une personnalité accomplie lorsqu'il ou elle a une compréhension profonde d'il ou elle-même, une conscience de ses forces et faiblesses, une vision claire de ses objectifs et valeurs, et une capacité à vivre en accord avec ceux-ci. Cela peut également impliquer une capacité à gérer efficacement les émotions, à entretenir des relations saines et à contribuer de manière positive à la société. En fin de compte, c'est un voyage personnel et subjectif pour chaque individu ».

Ainsi les outils que nous avons sortis de la boîte depuis le début de ce livre aident à fortifier les différentes étapes de son « voyage personnel ».

C'est pour cette raison qu'il est bon de penser à son **positionnement** sur son chemin de vie. Il y a un d'ailleurs ce beau passage que j'ai trouvé sur internet à ce sujet. C'est un passage de Charles Peppin intitulé « **Vivre avec son passé** ». Voici ce qu'il nous dit :

« Une philosophie pour aller de l'avant. Si vous voulez être libre et aller de l'avant, il faut que vous sachiez quelle est votre personnalité. Quelle est votre note singulière personnelle. Bergson appelle cela la « mélodie intérieure de la subjectivité ». En gros : quand est-ce que cela vous ressemble ? Quand est-ce que cela vous parle ? Quand est-ce que la personne que vous êtes se met à chanter ? La seule manière de savoir ce qui vous ressemble et ce qui est fait pour vous est de vous retourner vers le passé ; de tendre l'oreille et de vous dire voilà quand j'ai fait ces études il y a vingt ans cela ne m'a pas plus ; cela a mal résonné ; la mélodie de ma subjectivité ne s'est pas élevée et puis j'ai changé d'études, de voie et là ça m'a ressemblé. Je me suis rassemblé. Il faut donc « aller de l'avant » dans la fidélité à cette note personnelle qu'on entend seulement en se tournant vers le passé et c'est pour cela que la personnalité (et c'est une sublime définition de Bergson) c'est : une manière de ramasser tout son passé en allant de l'avant et ne surtout pas caler uniquement dans l'instant présent. »

Dans une autre interview pareillement Charles Pépin conteste aussi la représentation linéaire du temps où l'on imagine qu'il y a le passé, le présent puis l'avenir, mais le passé fait partie forcément de nous et comme il le dit en citant à nouveau Bergson : « Ce passé qui persiste indéfiniment » et plutôt qu'essayer de s'en débarrasser, il faut donc le ressaisir et Bergson a cette jolie expression de « **recapitalisation créatrice** » pour dire qu'il y a une façon de se tourner vers le passé. qui est une manière d'aller de l'avant ; c'est une partition à retravailler, un texte que l'on peut en partie réécrire…

Autre idée : chacun a sa personnalité et la différence est une richesse. Quand la différence devient une richesse avec cette belle histoire des 2 cruches d'eau fêlées :

« Un porteur d'eau indien avait deux grandes jarres suspendues aux deux extrémités d'une pièce de bois qui épousaient la forme de ses épaules. L'une des jarres avait un éclat, alors que l'autre jarre conservait parfaitement toute son eau de source jusqu'à la maison du maître. La jarre fêlée perdait presque la moitié de sa précieuse cargaison en cours de route. Cela dura deux ans, pendant lesquels, chaque jour, le porteur d'eau ne livrait qu'une jarre et demie d'eau à chacun de ses voyages. Bien sûr la jarre parfaite était fière d'elle, puisqu'elle parvenait à remplir sa fonction du début à la fin sans faille. Mais la jarre abîmée avait honte de son imperfection et se sentait déprimée parce qu'elle ne parvenait à accomplir que la moitié de ce qu'elle était censée être capable. Au bout de deux ans de ce qu'elle considérait comme un échec permanent, la jarre endommagée s'adressa au porteur d'eau, au moment où celui-ci la remplissait à la source :

– Je me sens coupable, et je te prie de m'en excuser.

– Pourquoi ? demanda le porteur d'eau. De quoi as-tu honte ?

– Je n'ai réussi qu'à porter la moitié de ma cargaison d'eau à notre maître, pendant ces deux ans, à cause de cet éclat qui fait fuir l'eau. Par ma faute, tu fais tous ces efforts, et, à la fin, tu ne livres à notre maître que la moitié de l'eau. Tu n'obtiens pas la reconnaissance complète de tes efforts, lui dit la jarre abîmée.

Le porteur d'eau fut touché par cette confession, et, plein de compassion, répondit : « Pendant que nous retournons à la maison du maître, je veux que tu regardes les fleurs magnifiques qu'il y a au bord du chemin. » Au fur et à mesure de leur montée sur le chemin, le long de la colline, la vieille jarre vit de magnifiques fleurs baignées de soleil sur les bords du chemin, et cela lui mit du baume au cœur. Mais à la fin du parcours, elle se sentait toujours aussi mal parce qu'elle avait encore perdu la moitié de son eau. Le porteur d'eau dit à la jarre : « T'es-tu rendu compte qu'il n'y avait de belles fleurs que de ton côté, et presque aucune du côté de la jarre parfaite ? C'est parce que j'ai toujours su que tu perdais de l'eau, et j'en ai tiré parti. J'ai planté des semences de fleurs de ton côté du chemin, et, chaque jour, tu les as arrosées tout au long du chemin. Pendant deux ans, j'ai pu grâce à toi cueillir de magnifiques fleurs qui ont décoré la table du maître. Sans toi, jamais je n'aurais pu trouver des fleurs aussi fraîches et aussi gracieuses. »

Que faut-il comprendre de cette belle histoire ? Nous avons tous des éclats, des blessures, des défauts. Nous sommes tous des « jarres abîmées ». Certains d'entre nous sont diminués par la vieillesse, d'autres sont trop grands, trop gros ou trop maigres, certains sont chauves, d'autres sont diminués physiquement, mais ce sont les éclats, les défauts en nous qui rendent nos vies intéressantes et exaltantes. Il vaut mieux prendre les autres tels qu'ils sont et voir ce qu'il y a de bien en eux. Il y a beaucoup de positif partout. Il y a beaucoup de bon en chacun de nous. Ceux qui sont flexibles ont la chance de ne pas pouvoir être déformés. Souvenez-vous d'apprécier tous les gens si différents qui peuplent votre vie ! Sans eux, la vie serait bien triste.

J'aime aussi la phrase qui vient :

« *Une fausse note jouée avec timidité restera une fausse note une fausse note jouée avec conviction est une interprétation.* »

Car elle nous montre qu'il faut vouloir, avoir de la conviction ; donner son maximum quand on fait quelque chose voire y mettre sans doute de l'exagération, créer donc sa personnalité ce qui nous permet de nous affirmer. On en revient toujours aux mêmes idées comme sortir de sa zone de confort, mettre une flamme en soi, vivre ses rêves plutôt que de rêver de les vivre. Oser, se donner de l'énergie et ne jamais oublier que le temps avance et ne se rattrape jamais.

Une journée de perdue ne pourra jamais être rattrapée. Et aussi savoir être soi-même avec sa propre personnalité.

« *Être différent ce n'est ni une bonne chose ni une mauvaise chose. Cela signifie simplement que vous êtes suffisamment courageux pour être vous-même* »

disait Camus.

Cela m'amène à un joli passage que j'ai vu encore une fois sur Internet de Samuel Le Bihan parlant de sa fille.

« Un jour elle m'a demandé c'est quoi être autiste ; c'est quoi être handicapé. Je lui demande pourquoi. Elle m'explique qu'à l'école on l'avait traitée d'handicapée. Je lui ai demandé ce qu'elle en pensait et spontanément elle m'a dit : moi je suis normale. J'ai pas eu le courage de lui dire autre chose que ce qu'elle avait décidé. Elle arrive à un âge où elle comprend les choses. Cela serait mon devoir de lui expliquer qu'elle n'est pas comme les autres. Mais elle a un désir tel d'être comme les autres que je n'ose pas le lui dire. Donc je lui donne confiance en elle. Ce n'est pas du déni mais quand vous êtes persuadés que vous pouvez faire les choses vous pouvez y arriver et elle y arrive magiquement. Elle y arrive. C'est plus dur pour elle, elle le sait mais elle y arrive. Si elle considère qu'elle est normale alors elle l'est. »

C'est un joli passage d'amour d'un père à sa fille, mais aussi par ses efforts, d'une fille à son père.

Cela me fait penser à cette citation :

> **« On n'a qu'une vie, autant faire de cette vie un original, pas une copie de la vie de quelqu'un d'autre. »**

Il me vient en tête une autre phrase qui rappelle un peu celle-ci : « Ce que j'aime chez les fêlés c'est qu'ils laissent passer la lumière. » On a tous croisé dans notre existence des gens excentriques et que cela fait du bien. Vous arrivez à une soirée et il y a quelqu'un de différent mais intéressant. Quelqu'un qui a quelque chose de personnel et donc qui a SA personnalité. Ayant cette propre personnalité qui s'éloigne de notre moule sociétal et cela fait du bien de voir des gens sortir du moule. Pierre Rabhi que j'adorais et que l'on surnommait le « paysan philosophe » disait que nous vivions toute notre vie dans des boîtes et que d'ailleurs nous finissions dans des boîtes. Voici ce passage intitulé « **Les boîtes** » :

« Quelquefois je suis triste de voir ce que l'on a fait de l'être humain. L'être humain est-il libéré ? Puisque de la maternelle à l'université on est enfermés. Les jeunes chez nous appellent d'ailleurs cela le bahut. Ensuite tout le monde travaille dans des boîtes, des grandes ou des petites boîtes. Même pour s'amuser

on va en boîte. On y va comment ? Dans sa caisse. Et ensuite on a la boîte à vieux en attendant la dernière boîte. Si cela c'est un programme libérateur, c'est que je n'ai pas compris ce qu'était la liberté. »

Je vous conseille ardemment de lire ou voir sur Internet des passages de Pierre Rabhi tellement intéressant et qui avait en plus la qualité de savoir faire passer son message avec clarté et douceur.

Nous sommes de toute évidence trop conformistes, rigides établis dans un système sociétal. Un peu de folie est tellement important. D'ailleurs « **Les folies sont les seules choses que l'on ne regrette jamais** », écrivait Oscar Wilde dans son roman « Le portrait de Dorian Gray ». Il y a aussi cette autre citation similaire et déjà citée : **Une petite flamme de folie, si on savait comme la vie s'en éclaire.** Que la vie peut être belle mais encore plus si on arrive à y mettre un peu d'excentricité. Toujours dans le même registre ; une autre phrase d'Oscar Wilde qui dit : « **Soyez vous-même tous les autres sont déjà pris** ». Chacun est unique et essayons de le faire ressortir. Et tentons aussi de rester le plus longtemps possible des enfants à l'esprit libre et créatif. Pour continuer sur cette idée Einstein disait :

« Celui qui suit la foule n'ira pas plus loin que là où va la foule. Celui qui marche seul pourra se retrouver dans des endroits où personne n'a jamais été. »

Je trouve cette phrase belle ; elle nous pousse une nouvelle fois à être nous-mêmes et à prendre la route que nous souhaitons en n'hésitant pas à sortir de ce moule que l'on veut nous imposer.

On en revient aux idées abordées de sortir de sa zone de confort et de sortir d'une routine qui nous éteint à petit feu.

Vihn Quang Giang disait dans une source intitulée **« Whatever 10 is for you, realize there is a unique path to 10 »** :

« Qu'est-ce que 5 + 5 ? Cela fait 10 ; 8 +2 = 10 ; 9 + 1= 10 ; 20/2 =10. Ce sont toutes des façons différentes d'obtenir 10.

Disons que 10 est le bonheur ; le problème est que nous avons actuellement dans notre société des gens qui disent que parvenir à 10 a un seul chemin. La beauté est de trouver son propre chemin et de se méfier vraiment quand quelqu'un dit que c'est le seul chemin. »

De même cette autre idée ci-dessous (déjà abordée) pour tenter d'être le moins conditionné possible. Cette idée est de plus en plus présente dans la société dans laquelle nous vivons et que nous devons contrôler.

Source intitulée **« Libérez-vous de l'objet »** d'André Comte-Sponville. Voilà ce qu'il disait :

« Ne pas confondre l'amour de soi avec le narcissisme. Car le narcissisme ce n'est pas l'amour de soi mais de l'image de soi. Spécialement sous le regard des autres. S'aimer soi-même ou aimer l'image de soi-même. Une amie psychiatre me disait fort justement : les gens ne savent pas s'aimer eux-mêmes, ils sont beaucoup trop narcissiques. Se libérer de l'ego pour être capable d'aimer. La grande aventure de la vie est de se libérer du narcissisme. L'idée est d'arriver à aimer son prochain comme soi-même. »

Nous avons d'ailleurs déjà abordé cette idée. J'en profite pour citer une phrase fort juste mais sur laquelle je vous laisserai réfléchir : « **Le succès lent construit le caractère, le succès rapide construit l'ego.** » Cette réussite rapide (vue un peu plus tôt) dont parlait Fabrice Éboué. Cela m'amenant à parler de l'idée de certaines publications sur Internet et à l'extrême celle des selfies. Le selfie répond à ce narcissisme qui dit « aimez-moi pour ce que je fais mais sans vous ». Pourquoi vouloir absolument faire partager un très beau moment que l'on est en train de vivre avec d'autres qui sont absents. Sans aucun doute pour être aimé et apprécié. Ce besoin d'exister. Nous sommes là loin de la publication de compassion et de partage comme toutes les sources que j'ai pu citer dans ce livre. Ce narcissisme est encore plus fort que l'ego car il se caractérise par un amour excessif de soi-même et surtout de son image avec une absence d'empathie car dans cet acte du selfie ou ego-portrait on ne se demande pas ce que fait le destinataire et quelque part on s'en fout !!! C'est moi avant tout. L'empathie n'est pas au rendez-vous. Et pourtant n'est-il pas bien plus agréable de partager une aventure ou un moment de plaisir ou bonheur avec d'autres que de faire partager SON aventure par un selfie ou une vidéo ? Cette idée a déjà été abordée avant. Et en plus et comme je l'avais écrit plus tôt, le fait de vouloir à tout prix partager le plus vite possible un moment agréable nous fait basculer dans le futur et stoppe le plaisir du moment présent. On fait donc tout faux.

Comme évoqué aussi plus tôt, le bonheur est encore plus agréable quand il vient d'une action partagée et a fortiori lorsque cette action a été créée par soi-même. Je m'explique. J'ai une idée d'un week-end style « chasse au trésor » par exemple, j'organise les choses, il y a des sensations, des rebondissements, de la compétition, les amis participants sont contents. En plus d'avoir passé un bon moment, j'ai le plaisir d'avoir créé quelque chose. Satisfaction personnelle de partage. Ce mélange d'adrénaline et d'originalité nous permet de sortir de notre routine et de créer une nouvelle route imprévue. Rappelez-vous ce voyage organisé en Tanzanie où il y avait en plus du plaisir du voyage une idée de faire découvrir le pays de façon différente grâce à de la créativité et du défi. C'était un peu une façon de faire retomber les participants dans leur enfance en amenant une touche ludique avec une compétition saine. Et une nouvelle fois j'ai envie de citer Henry de Montherlant car cela fait du bien :

> *« Une petite flamme de folie,*
> *si on savait comme la vie s'en éclaire. »*

Je pense d'ailleurs que le « fou rire » est un exemple de la démonstration d'une « flamme de folie ».

Je m'explique. On rit de situations mais le fou rire est autre chose. C'est l'extase du rire. Et qu'est-ce qui provoque cette extase ? Une situation très atypique, inattendue et qui sort souvent de la norme.

On peut aussi créer un fou rire en montant une situation. Je me rappelle il y a des années une amie architecte qui avait apporté dans l'agence où elle travaillait un « coussin péteur ». Elle l'avait caché. Elle pouvait l'actionner à distance et regardait la réaction des gens. C'était bête mais fort drôle jusqu'au fou rire face à la réaction et au regard des gens car chacun pensait que son voisin ou un de ses voisins était le péteur. C'est exactement comme une caméra cachée et en effet souvent le résultat d'une caméra cachée est un fou rire car la caméra cachée sort des codes et de la routine. Elle met en exergue une situation hors normes et unique.

Moins exubérants il y a des plaisirs simples qui peuvent être remplis d'adrénaline, de beauté, de partage et avec si possible une touche de créativité. Puis il y a aussi l'idée d'action plus extrême qui implique un grand effort. Cette idée d'effort extrême qui par sa cessation de souffrance offre le plus beau des luxes comme disait Tesson. Il faut donc savoir créer tous ces moments de vie. J'arrive donc à la fin de ce livre et de cet arbre de vie.

On a vu que notre chemin de vie et notre recherche de bonheur étaient souvent en lutte contre la société ou l'ordre voulu. Cette société et son système. Dès le plus jeune âge on nous note. C'est déjà la compétition. D'ailleurs, sans remettre en cause notre société, voici une réflexion que j'avais vue sur Internet. La source vient de deux interviews d'Albert Jacquard qu'il donnait à la télévision. Voici ce qu'il nous disait :

« Il faut être violent contre la compétition. Il faut être violent contre la violence. De même que la seule bonne guerre est celle contre la misère. Eh bien, la seule violence est la violence contre la violence. Car au fond, être compétitif cela veut dire quoi ?. Cela veut dire vouloir passer devant un autre. « Mais on n'apprend que ça à l'école », rétorque le journaliste. Eh bien on a bien tort. Non ce n'est pas ça que l'on apprenait autrefois. Et quels sont les grands personnages qui ont fait avancer la science, qui ont fait avancer la pensée humaine ? Ils n'étaient pas compétitifs. Est-ce qu'Einstein était compétitif ? Absolument pas. Il ne se battait contre personne. Il n'avait pas envie d'arriver le premier. Il avait envie de comprendre des choses qu'il n'arrivait pas à comprendre [...] Eh bien lui il se battait contre lui-même. La compétition, il faut y réfléchir un peu. Chaque fois que l'on accepte la compétition, on accepte de mépriser quelqu'un, de le détruire et on est en train de se détruire soi-même puisqu'un beau jour on perdra. Ce n'est pas sérieux ni pour un État ni pour une collectivité ni pour un individu d'être compétitif. Ça ne peut pas être le bon moteur. Il y a d'autres moteurs dans la vie mais malheureusement on nous raconte aussi que la sélection naturelle veut que le meilleur gagne. C'est faux, ce n'est jamais le meilleur qui gagne. On ne gagne pas. Simplement il faut survivre. Il faut avancer ; il faut être meilleur que soi-même. C'est complètement différent mais quand est-ce qu'on l'aura compris ? Je crois qu'actuellement le drame de la terre entière c'est que la société qui domine, la nôtre, a pris comme moteur la compétition. Il faut y réfléchir car c'est forcément un poison. »

Il disait pareillement que « l'on courait le plus vite possible dans la pire des directions, la direction de la compétition, la direction de la destruction des uns par rapport aux autres. Si je suis en compétition avec l'autre je ne tisse plus de lien [...] la compétition est un suicide. »

Cette idée de compétition qui est déjà trop tôt dans nos têtes et qui nous suit tout au long de notre vie et qui en devient une évidence. Mais est-ce une évidence ? Bien entendu il en faut. C'est un stimulus comme pour nos émotions (désir, peur, joie...) mais il faut surtout penser que ce n'est pas le SEUL moteur. Cela me fait penser à une phrase forte de Hannah Arendt que j'ai lue : **« la mort de l'empathie humaine est l'un des premiers signes et le plus révélateur d'une culture sur le point de sombrer dans la**

barbarie ». Je ne veux pas dresser un tableau noir mais souvenez-vous de l'expérience « Rhythm 0 » de Marina Abramovic et à quelle vitesse notre espèce peut redevenir animale !!!

Tout cela se rapproche de cette autre l'idée de Thomas d'Ansembourg. J'en avais déjà parlé un peu précédemment mais voici un passage plus complet :

« Qui d'entre nous ne dira pas : je suis toujours en train de « faire ». Je cours de choses à faire en choses à faire. Ça m'épuise, ça m'épuise. Je n'ai plus jamais le temps d'« être ». Bien oui. D'où cela vient ça ? Eh bien le « faire » a été très valorisé et l'« être » pas !!! Ne reste pas à rien faire mon vieux ma vieille, fais quelque chose !!! J'ai assez vite compris que si je fais vous m'aimez. Si je fais bien, vous m'aimez bien et si je fais bien et beaucoup vous m'aimez bien et beaucoup. C'est parfait. C'est parti pour la course. Il m'a fallu longtemps pour réaliser que dans cette course, ce n'était pas tant mon bien-être que je cherchais que le regard de l'autre. Aimez-moi, aimez-moi. Dites-moi que je fais tout bien parce que moi je ne m'aime pas. Nous craignons de ne pas être reconnus ; de ne pas être aimé ; de ne pas avoir notre place, que qui nous sommes ne soit pas admiré. Nous avons donc besoin de nous asseoir dans la chaise du discernement ou de l'intériorité pour pouvoir discerner. Pourquoi je fais ça, pourquoi je ne fais pas autrement ? Pourquoi je cours si vite ? Et apprendre à se poser les bonnes questions.

– Qui je suis ?

– Vers quoi je cours ?

– À quoi ça sert la vie ? »

Encore une fois, l'idée sous-jacente est de faire pour soi et non pour les autres. Ce n'est pas de l'égoïsme. Bien au contraire. Cet égoïsme a pour but que nous soyons bien et si nous sommes bien l'étape suivante est de le faire partager aux autres. Si tu te sens bien, les autres seront bien avec toi. Aussi en parlant d'égoïsme je voudrais parler de cette source. C'est un passage intéressant de Mohamed Elmanjra (déjà cité) sur l'idée du **bon égoïsme** :

« Être quelqu'un de bien, c'est avant tout être bien avec soi-même. Toujours se dire qu'est-ce qui est important pour moi. Cela veut dire être égoïste ? Oui je revendique mon égoïsme. Parce que si je ne suis pas égoïste qui va prendre soin de moi. Il faut revendiquer son droit à être égoïste. Je revendique mon droit au bonheur. Je revendique mon droit à la réussite de ma vie. Être égoïste ce n'est pas mauvais. Cela veut dire que je dois d'abord prendre soin de moi pour ensuite prendre soin des autres. »

Bien retenir donc que ce n'est pas égoïste de penser à soi car quand vous êtes bien intérieurement vous projetez quelque chose d'agréable et donc vous faites du bien aux autres. On revient à l'idée de cultiver son jardin intérieur.

Encore une fois cette idée d'être nous-mêmes et d'éviter au maximum d'être formaté par la société qui dès notre plus jeune âge nous note et nous met dans un classement. Oui je sais je me répète mais c'est le principe du feuillage de mon arbre où les sous-thèmes se mélangent, s'entrecroisent et reviennent toujours et toujours.

J'avais aussi entendu ces propos de Maryam Gadery :

*« Tu es perdu en ce moment et tu ne sais pas où t'orienter ou quel chemin prendre ? Écoute ce que je vais te dire. **Si tu veux trouver ta voie apprends à écouter ta voix.** Il n'existe pas de voix plus importante à écouter que la tienne et que la voix de ton cœur. Le problème est que très souvent tu vas être submergé par toutes les voix et tout le bruit qui vient de l'extérieur. La voix de tes parents, la voix de tes amis, la voix de tes collègues, la voix de ton partenaire. Sans réaliser que toutes ces voix obstruent ta voix intérieure et qu'en réalité au fond de toi, tu sais déjà ce que tu veux faire. Au fond de toi il existe un espace où tu sais précisément ce qui t'appelle. Apprends à écouter la voix de ton cœur. »*

On en revient à l'idée de Charles Pépin citant Bergson sur la « mélodie intérieure de la subjectivité » ou en d'autres termes bien écouter ce qui chante en toi. Je répète à nouveau cette étude qui dit que le plus grand regret des gens à 95 % est de ne pas avoir fait ce qu'ils auraient aimé faire. Sans doute parce qu'ils ne se sont pas assez écoutés, n'ont pas osé ou ont été influencés par l'extérieur.

Je finirai par ce passage de Luc Ferry à une conférence où il reprend des propos de Frédéric Lenoir. Voici ce qu'il nous dit :

« Un homme malheureux sera un malheureux partout. Un homme qui a trouvé le bonheur en lui (écoutez bien, pas à l'extérieur de lui) sera heureux partout quel que soit son environnement. Un bonheur profond et durable devient possible dès lors que nous transformons notre propre regard sur le monde. Nous réalisons alors que le bonheur et le malheur ne dépendent plus tant de causes extérieures que de notre état

d'être ; être heureux c'est aimer toute la vie avec ses hauts et ses bas, avec ses traits de lumière et ses phases de ténèbres, ses plaisirs et ses peines. C'est vivre intensément chaque instant. »

Voilà donc ce dernier conseil pour atteindre une personnalité accomplie : savoir cultiver son jardin intérieur pour mieux y recevoir les autres. Ce n'est pas plus compliqué. Et l'une des premières citations du Dalaï-Lama en début de ce livre sur les bienfaits de la méditation en serait un bon exemple.

Avant de conclure je finirai par ces phrases ci-dessous comme des conseils à garder et à relire :

Pour attirer d'autres personnes, il faut être attirant.

Sois quelqu'un de sage, sois quelqu'un de fort.

La force est attrayante.

Sois quelqu'un de gentil mais pas faible.

Voici une vraie clé : sois fort mais pas impoli.

C'est toujours la ligne mince.

Le défi est d'être gentil mais pas faible.

Apprendre à être humble mais pas timide.

Apprenez à être réfléchi mais pas paresseux.

Apprends à être fier mais pas arrogant.

Apprends à être audacieux mais pas intimidateur.

Apprends à avoir de l'humour.

Voici 17 rappels très intéressants pour être heureux chaque jour.

C'est un bon résumé de ce que nous avons pu aborder avant :

1) Chaque matin regarde-toi dans le miroir et dis-toi que tu vas passer une super journée.

2) Sois reconnaissant(e) pour ce que la vie t'apporte chaque jour.

3) Ne prends pas les choses trop au sérieux. Ris beaucoup.

4) Sors de ta zone de confort. C'est là que la vie commence véritablement.

5) Ne te compare pas aux autres. Ose rester toi-même.

6) Fais les choses plus avec le cœur qu'avec la tête.

7) Choisis un métier que tu aimes et tu ne travailleras aucun jour de ta vie.

8) Nourris-toi de films et de livres inspirants.

9) Adopte un style de vie sain. Mange bien, dors bien et fais de l'exercice.

10) Prends du temps chaque jour pour équilibrer ton corps et ton esprit.

11) Profite du moment présent, aujourd'hui est un cadeau.

12) Ose réaliser toutes les choses dont tu rêves.

13) Passe plus de temps avec ceux que tu aimes.

14) Ne laisse pas la colère te ronger. Apprends à pardonner.

15) Ose donner sans rien attendre en retour.

16) Passe plus de temps dans la nature et reconnecte-toi avec ton vrai TOI.

17) Collecte des moments, non des objets.

« *Nous souffrons plus dans notre imagination*
que dans la réalité. »
Sénèque

« *Il n'est jamais trop tard pour être ce que vous auriez pu*
être. »
Georges Elliot

« *Notre vie est ce que nos pensées en font.* »
Marc-Aurèle

« *Penser est difficile c'est pour ça que la plupart des gens*
jugent. »
Carl Young

« *Si vous vous souciez de ce que les autres pensent vous serez*
toujours leur prisonnier. »
Lao Tseu

« *Si vous êtes la personne la plus intelligente dans la pièce*
alors vous êtes dans la mauvaise pièce. »
Confucius

« *Plus vous devenez silencieux plus vous pouvez entendre.* »
Rumy

CONCLUSION

Je n'avais vraiment jamais écrit et j'ai découvert que l'écriture était comme une balade dans la nature. On connaît à peu près la direction que l'on va prendre ; les choses que l'on va voir entre la faune et la flore mais on y fait toujours des découvertes et souvent de belles découvertes. On passe en effet par des endroits que l'on n'aurait pas pensé emprunter. On découvre des choses que l'on n'aurait pas pensé voir. On s'étonne même des rencontres que l'on fait, de cette discussion que l'on peut avoir avec notre esprit et du dialogue qui naît avec lui. Et cerise sur le gâteau on est surpris quelquefois grâce à cette discussion du résultat que cela donne. Quelquefois aussi la balade n'est pas si simple ; un peu de vent ; une bruine, il fait froid ; le chemin devient plus difficile ou il y a un obstacle devant soi. Il faut alors savoir gérer les choses. Pour l'obstacle, le contourner ou pour la pente raide et glissante qui crée un certain essoufflement, il faut alors savoir se reposer pour mieux repartir. Une gestion de ses émotions avec toujours une touche de positivité. Et que dire de cet acte d'écriture. N'est-ce pas une vraie action ? Plus intellectuelle que physique mais c'est une action. Thème que nous avons très largement abordé durant ce livre. Je parlerais même d'une belle et pleine action. Pleine car il y a déjà un défi sur soi-même mais pas que ; il y aussi de la créativité notion que l'on veut nous enlever dès le plus jeune âge !!! Et aussi un objectif. Le fait d'écrire est certainement une thérapie pour soi mais quel plaisir aussi lorsque l'on peut le partager. On entre là un peu dans la compassion où l'on essaie d'apporter quelque chose aux autres. Et enfin et surtout on est dans l'instant présent. Une des lettres de mon ACRONYME.

L'écriture nous permet donc de toucher à toutes les notions du bonheur que nous décrivait Frédéric Lenoir.

J'ai donc pris du plaisir à écrire ce livre et cela m'a fait du bien. Je suis ravi aussi d'avoir atteint un objectif. Je m'étais dit dans ma « wish list » en début d'année que j'écrirais ce livre. Voilà chose faite. C'est le plaisir de l'accomplissement d'une action et d'un objectif.

Je dois maintenant mettre une fin car plus je la retarde plus je tombe sur de nouvelles informations. Il y aura toujours quelque chose d'intéressant à « cueillir » pour le placer dans ce livre.

En plus j'ai du mal à trier. Il faut donc que j'arrête de lire ou regarder mon smartphone et ces « sources » où je vais piocher. Il faut savoir s'arrêter et passer le flambeau aux lecteurs. Je pense avoir bien rempli cette boîte à outils d'exemples et de conseils. Il y en a plein d'autres certainement fort intéressants qui ne demandent qu'à exister.

C'est maintenant à vous d'utiliser les outils de cette boîte et à vous aussi d'y ajouter de nouvelles choses.

Ce que je peux vous dire, c'est que nous avons la chance de vivre dans un pays merveilleux. Nous ne vivons pas dans une dictature et même si beaucoup de gens se plaignent nous avons une vraie liberté. Profitons-en. J'ai aussi essayé de montrer qu'il fallait toujours rester positif. Cela doit être une discipline. Comme la pratique de la joie selon Gurudev. Bien sûr, certaines épreuves de la vie font que cela peut être extrêmement difficile pour certains. Je le conçois mais les épreuves de la vie se sont emparées de votre cerveau à juste raison mais comme la colère que l'on a vue précédemment vous ne pouvez pas garder un locataire dans votre esprit qui dégrade votre intérieur car il vous fait du mal. Vous ne pouvez pas être condamné à subir. Cela serait en quelque sorte une double peine. La raison de votre humeur et de l'état de votre humeur. Il faut donc se pousser à réagir. Réagir par l'action pour trouver ou retrouver le bonheur de vivre. Positivez même si c'est compliqué.

Le but de la construction de son arbre de vie est simple. C'est en définitive comme je l'ai dit : « Rendre fières la version de vous à 8 ans et celle de vous à 80 ans. Si vous trouvez le bonheur en vous (avec l'idée du bon égoïsme) vous serez heureux et cela se ressentira sur votre relation à l'autre.

Si cela pouvait permettre aux gens de mieux vivre en paix avec l'idée du préambule et trouver d'autres moteurs à la vie que l'idée de compétition, cela serait super.

Je pense que la démographie et l'écologie vont pousser l'être humain à penser différemment. Est-ce que l'IA nous aidera à penser plus intelligemment ? Je l'espère.

J'espère en tout cas et je ne fais que le répéter une nouvelle fois que vous aurez trouvé votre ACRONYME. Quelques initiales si importantes qu'en y pensant elles stimuleront en vous et dans votre cerveau les points que vous jugez essentiels à votre arbre de vie. Vous connaissez le mien qui a d'ailleurs évolué pendant l'écriture du livre (écrire est forcément une thérapie). Mon ACRONYME a peut-être même une lettre de plus que celui que je vous ai livré. Il faut maintenant que je me le fasse en bracelet. Cela sera un bijou à petit prix mais d'une valeur importante (pour reprendre l'idée de Gad Elmaleh avec ses montres) car c'est le fruit d'un cheminement personnel.

En tout cas j'ai une nouvelle fois envie de reprendre une partie de la phrase d'introduction de Dante Gebel qui résume bien des points abordés dans ce livre et qui « sonne » en moi :

« Ne cesse jamais de sourire
peu importe ce que pensent les autres.
La vie n'est peut-être pas la fête à laquelle tu t'attendais
mais tant que tu es là, tu dois danser. »

Cela permet de boucler la boucle. Le cercle n'est-il pas un symbole de complétude, car il n'a ni début ni fin et représente l'équilibre et l'harmonie. Ce n'est pas pour mettre une note parfaite aux pages qui précèdent mais juste dire que chaque partie de notre arbre de vie a son importance et qu'il faut en prendre soin pour trouver au mieux son équilibre. Et que ce que nous avons dit en début peut aussi se trouver à la fin car cela montre que tout était lié et avait son importance. N'oubliez pas que :

« Votre bonheur dépend de la qualité de vos pensées. »

Marc Aurèle

Et je répéterai aussi la phrase de Richard Burton :

« N'attendez des applaudissements que de vous-même. »

Pour conclure je vais reprendre des mots de Bernard Tapie qui a eu une vie trépidante et passionnante. Voici à la fin de sa vie et avec son expérience ce qu'il disait. Ces propos étant en définitive le résumé de ce livre.

CONCLUSION

« Cherchez pas à tout coup à réussir dans la vie.
Mais battez-vous pour réussir votre vie.
C'est plus important. »

Tellement juste. C'est une phrase capitale à retenir.

je vais aussi y ajouter une citation de Lao Tseu :

« Il n'y a pas de chemin vers le bonheur.
Le bonheur c'est le chemin. »

Et c'est vous qui êtes le maître de votre chemin. Vos actions tout au long de votre vie vont dessiner ce chemin. C'est à vous d'être fier du chemin que vous avez dessiné. Sasha Azevedo disait : *« Trop de gens traversent la vie en attendant que les choses arrivent au lieu de faire en sorte qu'elles se produisent. »* Et William James disait que *« l'action n'apporte pas toujours le bonheur mais il n'y a pas de bonheur sans action »*.

Je ne dis pas de faire des choses extraordinaires mais n'oubliez pas la valeur du temps et de la vie ; la beauté du monde et qu'il ne faut pas hésiter à dévorer la vie avec ses hauts et ses bas comme le disent si bien Frédéric Lenoir et Jean d'Ormesson.

Pour Frédéric Lenoir, il nous dit : *« Le bonheur, ce n'est pas le plaisir. Le plaisir, c'est l'agréable mais le bonheur, c'est accepter le désagréable. C'est aimer la vie avec ses hauts et ses bas. Je ne rejette jamais le désagréable et quand il y a un obstacle je l'accepte. Pour être heureux il faut être dans le lâcher-prise, dans l'acceptation. On est heureux quand on aime la vie avec tout ce qu'elle est, pas forcément quand tout va bien »*.

Et Jean d'Ormesson disait :

« *Je n'ai jamais cessé d'être heureux. Vous savez il y a une phrase que j'ai souvent répétée.*

Merci pour les roses.

Merci pour les épines.

La vie n'est pas une fête perpétuelle.

C'est une vallée de larmes mais aussi une vallée de roses.

Et si vous parlez des larmes il ne faut pas oublier les roses.

Et si vous parlez des roses, il ne faut pas oublier les larmes. »

L'idée est déjà vue, je me répète une nouvelle fois. Oui ce chemin est semé d'obstacles mais si vous le savez cela vous aidera à mieux avancer. Je vous souhaite donc le plus beau des chemins. Je vous souhaite aussi un très bel arbre forcément unique. N'hésitez pas à toujours l'arroser de conseils, astuces ou idées. Merci pour votre temps pris à me lire, j'espère que cela vous servira et dites-vous que le meilleur est à venir. Et soyez toujours positif.

POSTFACE

Les textes ci-dessous ont été récupérés après la fin de ce livre. Ils pourraient faire partie intégrante de notre arbre, des racines à son sommet.

Je vous laisse les découvrir :

– Je vais commencer par une vidéo vue sur internet d'Erik Orsenna qui nous pousse à « oser » et qui livre cette phrase tellement forte:

« *la différence entre un rêve et une réalité, c'est une date* »

« *Oublier l'idée d'un jour je ferais çà. Foncez et pensez au temps qui ne s'arrête jamais* », disait il. On pourrait d'ailleurs remplacer « rêve », quelquefois vu comme inaccessible par des termes moins fort comme « projet » ou « envie. ». Que cette phrase a du sens

– il y aussi cette autre source internet de Catherine Barba qui livre son mantra qu'elle avait entendu de Mère Teresa

« Ne laissez personne venir à vous

et repartir sans être plus heureux. »

– Citation de Paul Eluard qui fait partie intégrante de ce livre :

« Il y a un autre monde mais il est dans celui-ci. »

– « La gentillesse est une preuve de grande intelligence que seuls les cons traduisent comme une faiblesse d'esprits. Comprenez-moi bien, je ne dis pas ça méchamment. » ☺ John Joos

— Il y a aussi cette petite anecdote d'un article que j'ai lu récemment sur l'importance des maximes. L'article était consacré à la famille Ricard et l'article précisait que les petits-enfants du fondateur Paul Ricard, 25 ans après sa mort étaient encore tous pétris de ses maximes comme : « *Fais-toi un ami par jour* », « *Il ne faut jamais lésiner sur ses rêves* » ou encore « *Tout peut s'acheter sauf la réputation* ». Tout cela pour dire que Paul Ricard qui était un visionnaire avait bien compris l'utilité des maximes comme des mantras qui s'ancrent à force de les répéter dans son subconscient. Et comme nous devenons ce que nous pensons, des maximes ou citations bien choisies peuvent être fortes utiles. Je pense l'avoir montré dans les pages précédentes.

— Sur la positivité se répéter un mantra comme fait Glenda Baker : « Je me dis 100 fois par jour : « Je m'appelle Glenda Baker et il ne m'arrive que des bonnes choses. » Il faut arrêter de mettre de la négativité dans son cerveau. »

— Sur le son et ses fréquences, petit mémo :

174 hertz : Réduit le stress.

285 hertz : Favorise la guérison.

396 hertz : Transmute les énergies négatives.

417 hertz : Nettoie les traumatismes.

432 hertz : Harmonise le corps.

528 hertz : Répare le corps.

639 hertz : Améliore les relations.

741 hertz : Stimule l'intuition.

852 hertz : Éveille la spiritualité.

963 hertz : Connexion à l'Univers.

— Sur l'éducation, j'avais lu ce passage : « Mon fils je ne lui dis jamais "Je suis fière de toi", je lui dis "Sois fier de toi". Je ne veux pas qu'il se construise par rapport à moi. De même ne pas dire « Tu m'as déçu ».

— Technique très simple de Fabien Olicard pour éviter de procrastiner sur des choses. Il faut séparer la tâche en 2 :

« Il y a la partie musculaire et la partie cérébrale. Exemple : faire la comptabilité. La veille avant de la faire je fais le "musculaire" : retrouver les papiers, réunir les pièces et le lendemain je fais le cérébral en faisant la comptabilité. »

— Ou ce petit conseil, dans la communication non verbale : pencher la tête sur le côté **« a tilt of your head »** rend la personne quand elle parle plus empathique et douce. Cela change l'attitude et le message.

— Dans les relations humaines, il y a aussi cette technique très importante dans l'écoute. Savoir prendre le temps de répondre à la personne et faire une vraie pause. Car si vous répondez directement, le message que vous transmettez est de dire « je n'ai pas vraiment pris en considération ce que vous m'avez dit ». En d'autres termes « je m'en fiche un peu, l'important est ce que je vais maintenant dire ». Si vous faites une vraie pause, cela donne le message à votre interlocuteur que vous l'avez bien écouté et avez pris en considération ce qu'il a dit même si ce n'est pas le cas.

— Autre conseil que j'ai lu et que nous avons abordé : « Si vous voulez faire vous-même votre malheur rendez-vous prisonnier du passé. » Il faut commencer à comprendre. Comprendre c'est une forme de libération.

– Il y a aussi cette histoire du tireur de penalty que je trouvais intéressante :

Le tireur de penalty quand il est face au but dans 83 % des cas il va tirer à gauche ou à droite. Or le goal ne va rester au centre que dans 2 % des cas. Donc le tireur ne va pas maximiser ses chances de tirer. Pourquoi ? Car s'il tire à droite ou à gauche il va tenter quelque chose. Si le goal arrête, on ne pourra pas trop le lui reprocher car il aura tenté quelque chose. Mais s'il tire au centre et que par hasard le goal reste au centre et qu'il tire dans les mains du goal alors là la pression sociale sera plus forte. On aura le sentiment qu'il n'aura pas tenté quelque chose. Résultat, il va choisir ce qui minimise les risques pour lui. Et d'ailleurs Keynes dit cette phrase : "Il vaut mieux pour sa réputation échouer avec les conventions sociales plutôt que de réussir contre elles". »

– Ne jamais dire « je ne peux pas le faire » mais dire « je ne l'ai pas encore fait ».

– « Je suis Clémence mais je ne suis pas Clémence. »

Seulement une personne sur 15 trouve la réponse.

Il fallait analyser les 2 verbes.

On n'analyse pas assez bien la phrase et on est une nouvelle fois conditionné. Il y a en fait 2 verbes différents : le verbe « suivre » et le verbe « être ».

– Propos de Michel Onfray :

« Le riche sait n'avoir besoin de rien. Tout va bien j'ai ce qu'il faut. Vouloir toujours plus !!! Les milliardaires qui veulent encore une Porsche sont pauvres. »

On peut aussi citer cette très belle phrase de Rousseau :

« L'argent qu'on possède est l'instrument de la liberté, celui qu'on pourchasse est celui de la servitude »

Pourquoi vouloir toujours plus ? On en revient à l'idée de la « sobriété heureuse » de Pierre Rabhi.

– Fabien Olicard. Réapprendre quelquefois à son cerveau à s'ennuyer. Savoir arrêter de le solliciter.

– Anne Querard nous dit : **« Saviez-vous que les plantes peuvent chanter ? »** C'est la carte d'identité musicale de la plante. Elle va se mettre à chanter. Suivant comment je la traite, elle va chanter différemment.

– Je dis aux gens « go first » pour se présenter, pour dire bonjour… car la vie récompense ceux qui prennent les initiatives. Fais tout en premier.

– Il y a aussi ce beau passage sur Internet de Serge Reggiani qui cite Baudelaire avec ce très beau texte **« Enivrez-vous »** que je vous conseille vivement d'écouter.

– Laurent Fargeon (déjà cité et toujours très intéressant) et l'histoire du paysan et du vieux mulet qui tombe dans le trou. « C'est donc l'histoire du mulet. Il y avait un paysan qui avait un vieux mulet. Ce vieux mulet l'aidait à travailler dans les champs. Malheureusement un jour ce vieux mulet tombe dans un trou. Tous les paysans se mettent autour du trou et tentent de sortir le vieux mulet mais on s'aperçoit qu'il est impossible de sortit le mulet. Il faut donc la mort dans l'âme, l'enterrer. Le mulet sentant ce qui lui arrive hurle de plus en plus fort car il ne veut pas être enterré et au bout d'un moment il n'y a plus aucun bruit qui sort du puits. Le paysan se dit « *ça y est il est mort* » et il continue à envoyer de la terre dans le trou et puis progressivement il voit les deux oreilles du mulet sortir du trou. En fait, ils comprennent que le mulet chaque fois qu'il recevait de la terre sur lui, il s'ébrouait, faisant tomber la terre à ses pieds et il montait sur le monticule de terre au fur et à mesure. Pour pouvoir sortir du trou. Dans la vie ou l'entreprise c'est exactement la même chose. Il y a deux manières d'appréhender les mauvaises choses qui peuvent t'arriver. Soit tu te laisses ensevelir par elle ou étouffer par elle ; soit tu te secoues et tu t'en sers de marchepied pour pouvoir t'en sortir. »

– Astrid Deballon (souvent citée aussi) qui nous dit d'enlever les mots négatifs : « Remplace le « pas de souci » par « OK avec plaisir ». Elle nous dit aussi : « Il y a un mot que j'ai remplacé. C'est le mot problème. Car quand tu dis "problème" tu as une baisse d'énergie. Remplace ce mot par challenge. Ce n'est pas du tout la même énergie. Un challenge tu te dis : OK il faut falloir que j'active mes ressources pour transcender ce challenge. Parle au positif et évite au maximum les négations. De même dire c'est plutôt bien que dire c'est pas mal. »

– Pour attirer l'attention des gens il faut utiliser la loi d'Albert Mehrabian. Il faut avoir un bon maintien du corps et une belle voix. Ceci permet de mieux accéder au contenu de ton discours. D'être mieux écouté.

– « Les gens ne décident pas de leur avenir, ils décident de leurs habitudes et leurs habitudes décident de leur avenir. » F.M ALEXANDER

– Mental et motivation (source Instagram dont je ne connais plus l'auteur).

Une dame me dit : vous devez avoir un mental d'acier. Je lui dis : le mental cela ne sert à rien. Les gens pensent qu'il faut avoir un mental. Ben non. Je vais vous le prouver tout de suite. Par exemple, est-ce que tu as quelque chose que tu détestes faire ? En sport par exemple. La personne répond « Courir ». Si je te dis ce soir à 22h on va faire un footing de 5km. Tu vas me répondre « Certainement pas ». Mais si je te dis je te donne 50 millions, tu viens faire un footing avec moi ? « Oui, je suis là ». Est-ce que tu as eu un mental d'acier en 3 secondes ? Non mais tu as été MOTIVÉ.

– Nous avons d'ailleurs à ce sujet aussi vu précédemment dans le livre l'idée de « motivation » et de ce qui est « important ».

– Il faut savoir pardonner mais le pardon n'est pas l'oubli. Notez-le bien. Il y a un vieux proverbe amérindien qui dit : « Lorsque l'on a enfoncé un clou dans une planche on peut l'enlever mais il reste le trou. » Il faut bien distinguer l'oubli et le pardon. Dans l'intelligence émotionnelle, le pardon est fondamental. C'est enlever la partie toxique du souvenir. On peut très bien pardonner sans que l'autre pardonne. Il faut enlever le clou pour mieux vivre ce souvenir.

– « Rien n'est plus méprisable que le respect fondé sur la crainte. » disait Albert Camus. Intéressant et à méditer.

– Frédéric Lopez : le simple fait d'observer dans son corps où se passe l'émotion, on la désactive. C'est quelque chose de magique.

– Pourquoi les gens ont du mal à se lever : car ils peuvent prédire ce qui va se passer. Il faut éviter la routine. Chercher l'imprévu qui doit être le résultat de nos efforts. C'est comme cela que nous devrions vivre. Si vous ne faites pas quelque chose demain, qui va faire la différence ? Devinez quoi. Cela va être la même chose !!!!

– Nouvelle source de David Lefrançois.

« La vie est une succession de challenges (je remplace volontairement problème par challenge sous les conseils d'Astrid Deballon) que tu dois régler et quand tu les règles ces challenges te font passer au niveau supérieur. C'est pour cela que je développe cette philosophie du **« présent parfait »** : et si tous les problèmes que nous avions étaient pour nous permettre de passer au niveau supérieur ? »

– Le problème n'est pas avoir des problèmes... le problème est d'attendre à ne pas avoir de problèmes et de penser que d'avoir des problèmes est vraiment un problème. Théodore Rubin.

– Interview d'Étienne Klein :

Vous savez ce que cela veut dire débattre. Au 12e siècle c'est un verbe qui désigne ce qu'il faut faire pour ne pas se battre. Donc débattre c'est discuter sans utiliser des arguments d'autorité donc argumenter c'est pratiquer ce que Bergson aurait appelé une « politesse de l'esprit ». Cela peut prendre du temps. Ça peut être très ennuyeux un vrai débat mais à la fin on sait ce pour quoi on est d'accord et ce sur quoi on n'est pas d'accord.

On se bat s'il le faut mais au moins on sait pourquoi. Or le débat d'aujourd'hui est plus une discussion très vive avec beaucoup d'invectives. Il faut comprendre aussi qu'« avoir un avis » ce n'est pas la même chose que « se forger un avis ». Le débat permet de changer d'avis. Il faut apprendre sur ce sur quoi on a un avis tranché. Il ne faut pas se dédouaner d'apprendre lorsque l'on a un avis tranché.

– « Si tu les prives de ta réaction, les gens n'ont aucun pouvoir sur toi ». Tellement juste.

– Ne jamais laisser l'humeur dicter les règles. Tu dois agir en premier car le mouvement change votre humeur.

– Autre source à méditer car tellement vraie dont je ne connais plus l'auteur : « Arrête de t'inquiéter pour ta vie. S'inquiéter c'est se fixer des objectifs négatifs. C'est ce que me disaient tout le temps les guérisseuses en Indonésie. Apprends juste à ne rien faire. Apprends à être seul avec toi-même. Si tu n'apprends pas à faire la paix avec toi-même, si tu n'es pas en paix avec toi-même quand tu ne fais rien alors jamais aucun accomplissement dans ta vie ne te procurera un réel bonheur. »

– Autre source : « Quel est le meilleur conseil que vous avez reçu ? Transformer sa nervosité en excitation. Ou prendre une décision et passer à l'action. »

– « On a dû te dire qu'il fallait réussir dans la vie. Moi, je te dis qu'il faut vivre, c'est la plus grande réussite du monde. » écrivait Jean Giono

– La technique de l'ancrage. Elle te permettra de baisser ton niveau de stress, de colère ou toute émotion négative que tu ressens. Cela consiste à associer dans ton cerveau une émotion positive à un geste. Pour ce faire, tu devras répéter un geste tel que croiser deux doigts par exemple à chaque fois que tu te sentiras bien. En quelques jours ton cerveau aura associé ce geste à une émotion positive. Tu n'auras plus qu'à répéter ce geste à tout moment pour te sentir mieux. Le sourire est d'ailleurs un ancrage naturel.

« Il y a des gens qui sont tellement pauvres qu'ils n'ont que de l'argent. »

Cette phrase est attribuée à Bob Marley.

Ci-après l'extrait d'un article qui dit que le statut accordé à la richesse matérielle est un leurre qui favorise l'ostentation excessive et la poursuite du succès à tout prix. « Dans l'empressement à avoir des possessions matérielles, les qualités humaines qui devraient être présentes par les attitudes et les comportements en société sont largement perdues. Ainsi, les biens se confondent avec la vertu, le salaire élevé avec l'épanouissement personnel, le confort matériel avec le bonheur complet, ce qui ne correspond pas toujours à la réalité des faits.

Une personne riche est quelqu'un qui fait ce qu'il aime, se sent épanoui lorsqu'il travaille et s'assure que ce qu'il produit n'est pas seulement utile à lui-même. Qui se réveille heureux d'avoir un travail où les heures ne semblent pas interminables, qui éprouve du plaisir à faire ce qu'il fait. Pauvre est celui ou celle qui travaille en fronçant les sourcils, ne regarde pas autour de lui, ne connaît pas le nom de quelqu'un aux tables d'à côté, quel que soit le montant de ses revenus.

Une personne riche est celui ou celle qui est avec la personne qu'il aime, se sentant aimé chaque jour, souriant en regardant dans les yeux l'amour de sa vie, trouvant toujours les bonnes mains pour enlacer les siennes. Qui valorise et est valorisé par son/sa partenaire, qui trouve chez cette personne le baume quotidien pour les tribulations que la vie apporte. Pauvre est celui ou celle qui séduit quelqu'un à cause de son compte en banque, devant supporter les apparences pour le reste de ses jours. »

– Il y a aussi cette phrase claire citée par Denzel Washington qui dit : « L'échec n'est pas le contraire du succès, c'est une partie du succès ». Tellement juste.

– Si vous croyez que l'éducation ne sert à rien, essayez l'ignorance.

– De même Aristote disait : « Seul un esprit éduqué peut comprendre une pensée différente de la sienne sans devoir l'accepter. »

– « Tout le monde s'interroge sur comment laisser une meilleure planète à nos enfants, mais on devrait plutôt penser à laisser de meilleurs enfants pour notre planète » disait Clint Eastwood.

– Éviter aussi la procrastination :

« En suivant le chemin qui s'appelle plus tard. On arrive sur la place qui s'appelle jamais. »

Sénèque

– L'histoire de la jarre, les rochers en premier puis les cailloux puis le sable. Si on fait différemment on n'arrivera pas à tout mettre. Morale. S'occuper des choses les plus importantes aux moins importantes.

– Pour enfin conclure, ci-dessous très belle et intéressante lettre lue sur les réseaux sociaux par Franck Dubosc reprenant les propos d'une psychologue américaine qui s'appelle Gretchen Schmelzer :

« Cher parent, voici la lettre que je voudrais pouvoir t'écrire. Ce conflit dans lequel nous sommes maintenant, j'en ai besoin. J'ai besoin de ce combat. Je ne peux pas l'expliquer parce que je n'ai pas le vocabulaire pour le faire et parce que, de toute façon, ce que je dirais n'aurait pas de sens. Mais j'ai besoin de ce combat. Désespérément. J'ai besoin de te détester pour le moment, et j'ai besoin que tu y survives. J'ai besoin que tu survives au fait que je te haïsse et que tu me haïsses. J'ai besoin de ce conflit, même si je le hais. Peu importe ce sur quoi nous sommes en conflit : heure du coucher, les devoirs, le linge sale, ma chambre en désordre, sortir, rester à la maison, partir de la maison, ne pas partir, la vie de famille, petit(e) ami(e), pas d'amis, mauvaises fréquentations. Peu importe. J'ai besoin de me battre avec toi au sujet de ces choses et j'ai besoin que tu t'opposes à moi en retour. J'ai désespérément besoin que tu tiennes l'autre extrémité de la corde. Que tu t'y accroches fermement pendant que je tire de mon côté, que je tente de trouver des appuis dans ce nouveau monde auquel je sens que j'appartiens. Avant, je savais qui j'étais, qui tu étais, qui nous étions. Mais maintenant, je ne sais plus. En ce moment, je cherche mes limites et parfois je ne peux les trouver qu'en te poussant à bout. Repousser les limites me permet de les découvrir. Alors je me sens exister, et pendant une minute je peux respirer. Je sais que tu te rappelles l'enfant doux que j'étais. Je le sais, parce que cet enfant me manque aussi et, parfois, cette nostalgie est ce qu'il y a de plus pénible pour moi. J'ai besoin de ce combat et de constater que, peu importe combien terribles ou exagérés sont mes sentiments, ils ne nous détruiront ni toi ni moi. Je veux que tu m'aimes même quand je donne le pire de moi-même, même quand il semble que je ne t'aime pas. J'ai besoin maintenant que tu t'aimes toi et que tu m'aimes moi, pour nous deux. Je sais que ça craint de ne pas être aimé et d'être étiqueté comme étant le méchant. Je ressens la même chose à l'intérieur mais j'ai besoin que tu le tolères et que tu obtiennes de l'aide d'autres adultes. Parce que, moi, je ne peux pas t'aider pour le moment. Si tu veux te réunir avec tes amis adultes et former un groupe de soutien pour survivre à la fureur de votre adolescent, c'est OK pour moi. Ou parler de moi derrière mon dos, je m'en fiche. Seulement ne m'abandonne pas. N'abandonne pas ce combat. J'en ai besoin. C'est ce conflit qui va m'apprendre que mon ombre n'est pas plus grande que ma lumière. C'est ce conflit qui va m'apprendre que des sentiments négatifs ne signifient pas la fin d'une relation. C'est ce conflit qui va m'apprendre à m'écouter moi-même, quand bien même cela pourrait décevoir les autres. Et ce conflit particulier prendra fin. Comme tout orage, il se calmera. Et je vais l'oublier, et tu l'oublieras. Et puis il reviendra. Et j'aurai besoin que tu t'accroches de nouveau à la corde. J'en aurai besoin encore et encore, pendant des années. Je sais qu'il n'y a rien de satisfaisant pour toi dans ce rôle. Je sais que je ne te remercierai jamais probablement pour ça, ou même que je ne reconnaîtrai jamais le rôle que tu as tenu. En fait, pour tout cela, je vais probablement te critiquer. Il semblera que rien de ce que tu ne fais ne soit jamais assez. Et pourtant, je m'appuie entièrement sur ta capacité à rester dans ce conflit. Peu importe à quel point je m'oppose, peu importe combien je boude. Peu importe à quel point je m'enferme dans le silence. S'il te plaît, accroche-toi à l'autre extrémité de la corde. Et sache que tu fais le travail le plus important que quelqu'un puisse faire pour moi en ce moment. Avec amour, ton adolescent.

« Aujourd'hui pour demain »

est une phrase que m'a dite une de mes filles à la lecture de ces pages.

Cela aurait pu d'ailleurs être le titre du livre.

A vos stabilos !!!